Handbuch für Schnapsbrenner

Helfried Schmickl
Friederun Pleterski

Handbuch für Schnapsbrenner

Eichborn.

7 8 9 02 01 00

Lektorat: Georg Simader
Umschlaggestaltung: Christina Hucke
Layout und Satz: Oliver Schmitt, Mainz
Gesamtherstellung: Wiener Verlag
ISBN 3-8218-1520-5

Verlagsverzeichnis schickt gern:
Eichborn Verlag, Kaiserstraße 66, D-60329 Frankfurt am Main
www. eichborn.de

Inhalt

Hinweis

Inhalt und Ratschläge in diesem Buch wurden von den Autoren und vom Verlag sorgfältig geprüft. Eine Haftung für Personen-, Sach- und Vermögensschäden ist jedoch ausgeschlossen.

Die in jedem Land unterschiedlichen gesetzlichen Bestimmungen über die zugelassene freie Herstellmenge von Branntwein oder hochprozentigem Alkohol ist zu beachten. Bei Überschreiten der zugelassenen Herstellmindestmengen sind diese bei den entsprechenden Behörden anzeige- und abgabenpflichtig. Werden die jeweiligen gesetzlich zugelassenen Grenzen ohne Anzeige bei der Behörde überschritten, hat man in manchen Ländern mit empfindlichen Strafen zu rechnen.

Ein eventueller Verkauf von selbst hergestellten Spirituosen oder Weinen an Dritte ist auf jeden Fall anzeige- und steuerpflichtig und bedarf einer behördlichen Genehmigung.

Geräte zum Destillieren von hochprozentigem Alkohol müssen ab einem bestimmten Kesselvolumen behördlich registriert und genehmigt sein. Bei Zuwiderhandlungen kann das Destilliergerät eingezogen und es können Geldstrafen sowie ein Brennverbot verhängt werden. Für Destilliergeräte zur Herstellung von destilliertem Wasser, Frucht- oder Kräuterauszügen bedarf es keiner behördlichen Genehmigung, diese Geräte sind im Handel frei erhältlich.

Editorische Notiz: Das Vorwort sowie die Beiträge bzw. Kapitel

- Heilwirkungen von in Schnaps ansetzbaren Wundkräutern
- Hinweise für Spezialbrände
- Liköre
- Tips aus der Volksmedizin

steuerte Friederun Pleterski bei.

Das Kapitel »Alkohol als Medizin« ist zum Teil von Friederun Pleterski, zum Teil von Helfried Schmickl verfaßt. Alle anderen Texte stammen von Helfried Schmickl.

Vom Feuerwasser zum Edelbrand

Wo der Schnaps hinkommt, wissen wir. Wenn wir uns ein Gläschen genehmigen, dann zieht sein Duft in unsere Nase, an unserem Gaumen spüren wir sein flüchtiges Aroma, durch die Kehle rinnt er voller Kraft in den Magen, von wo aus er seine wohltuende Wärme verströmt. Wir spüren ihn in allen Gliedern, er entspannt, er wärmt und ist gesund – wenn wir ihn mit Bedacht und in Maßen genießen.

Wo der Schnaps herkommt, wissen wir nicht. Wir können heute nur Vermutungen über seinen kulturgeschichtlichen Ursprung anstellen. Wahrscheinlich kommt er aus dem Orient. Um 800 vor Christi haben die Inder bereits Arrak (Reisschnaps) destilliert, die Chinesen kannten ihn schon, und Aristoteles erwähnt das gebrannte Wasser im vierten Jahrhundert vor Christi.

Die Ägypter erzeugten aus Kohle und gebranntem Rosenwasser eine dem heutigen indischen Khajal ähnliche Augenschminke.

Die Mönche in den ersten christlichen Klöstern in Nordafrika und Sizilien, die wenig Interesse an dekorativer Kosmetik hatten, entdeckten die desinfizierende und entspannende Wirkung des gebrannten Wassers. Sie verwendeten es in frühchristlicher Zeit als Medizin und nannten es »aqua vitae«, das Lebenswasser, das sie in ihren Klöstern müden Wanderern und geschwächten Kranken einflößten.

Als der heilige Patrick 432 als Missionar nach Irland kam, brachte er Gottes Wort und die Kunst des Brennens mit. Die Kelten im naßkalten Norden nannten das Getränk aus Getreide bald »uisce beatha« – das »Wasser, das wärmt«. Aus »uisce beatha« wurde der Whiskey, ein heller Kornbrand, den man damals noch nicht in Fässern lagerte, sondern gleich nach dem Brennen trank.

Als der anglo-normannische König Heinrich II. von England 1170 in England einfiel, soll das Trinken von Kornbrand schon weit verbreitet gewesen sein. Man konsumierte ihn nicht als Medizin, sondern als Gesellschaftsgetränk, das man genoß und mit dem man sich wärmte.

1283 kam der Franziskaner Ramón Llull an die Universität von Montpellier, wo er den großen Alchimisten und Arzt Arnaud de Villeneuve traf. Gemeinsam versuchten sie, zu den vier Elementen ein fünftes zu schaffen. Aus der Vereinigung von Feuer und Wasser (Wein) erhielten sie aber nicht den Stein des Weisen, sondern »aqua ardens«, gebranntes Wasser.

Am Kontinent wurde im frühen Mittelalter vorwiegend gebrannter Wein als »aqua vitae« in den Apotheken verkauft. Bis ins 14. Jahrhundert blieb die Kunst der Destillation bei den Mönchen, Apothekern und Ärzten, die heilkräftige Kräuter und Wurzeln in Branntwein ansetzten. Sie waren darauf gekommen, daß sich Branntwein und Kornbrand besser zum Ausziehen von Wirkstoffen aus Pflanzen eignen als Wein oder kochendes Wasser (Kräutertee). Sie erfanden die Tinktur.

Streng wachte der Stand der Apotheker und Gelehrten über das Privileg, bis die Kreuzfahrer den Markt eroberten. Sie brachten von ihren Kreuzzügen meist Unmengen an Branntwein mit nach Hause, da es im Süden kein Branntweinmonopol gab.

Erst Paracelsus gab dem »gebrannten Wasser« eine umfassende Bezeichnung, er nannte es »Alkohol« – das Wort entlehnte er dem Arabischen Al-Khol, das sich im indischen »Khalal« bis heute erhalten hat. Er verwendete auch den Namen »Destillat«, der aus dem Lateinischen stammt, und erklärte beides zur wirksamen, in Maßen zu genießenden Medizin.

1530 schaffte die Stadt Nürnberg den ersten Karren an, der Betrunkene aus der Kneipe in den Arrest transportierte. Der Alkoholkonsum wurde in manchen Gegenden zur Plage.

Von der Kanzel wurde Enthaltsamkeit gepredigt. Aber es half wenig. Flämische Flüchtlinge, die der Schreckensherrschaft des Herzogs von Alba entkommen waren, siedelten sich in Brandenburg an.

Als erfahrene Kornbrenner eröffneten sie das Brennereigewerbe und brachen das Apothekermonopol.

Ein Wettbewerb unter den neu gegründeten Brennereien begann, aber auch zu Hause wurde die Schnapsherstellung beliebt. Eine Vielzahl an Büchern mit Anleitung zum Brennen wurde geschrieben. Man brannte alles, was brennbar war – mit Ausnahme der Kartoffeln, die kamen erst später dran.

Edelbrände aus Beeren und Obst waren beliebt, es wurde aber auch überall gepanscht. Obwohl Ärzte den Alkoholmißbrauch anprangerten, gewährte man den Bauern auf Alkohol Kredit und füllte sie mit Fusel ab, den sie »wie Wein« hinabtranken. Viele kamen um Haus und Hof. Schließlich wurden Verkaufsverbote für Selbstgebrannten erlassen.

Doch das Volk ließ sich nicht vom Trinken abhalten. Alles, was berauschte, fand besten Absatz. Im dreißigjährigen Krieg ging man daran, den Alkohol generell zu verbieten. Vor allem für die protestantischen Länder war Kornbrand (aus Brotgetreide) eine Erfindung des Teufels.

Verbote halfen wenig, so griff man zu einer anderen Methode: zur Alkoholsteuer. Der Staat begann beim Trinken kräftig mitzukassieren, Brennen wurde teuer und Schwarzbrennen schwer bestraft.

Man brannte mehr, als man selber trank, und man brannte, was sonst verkam: überschüssigen Wein oder Most. Ein Hagelschlag war keine Katastrophe: Das Fallobst kam einfach in die Maische.

So entstand im 17. Jahrhundert Alkohol verschiedenster Qualität: vom Obstler, der nach alten Fässern roch, bis zum edlen Williamsbirnenbrand.

1669 entdeckte man, daß in Kartoffeln Stärke steckt und daß man aus Kartoffeln Schnaps herstellen kann. Jetzt jubelten König Friedrich Wilhelms Untertanen. Er hatte sie 1720 unter Zwang Kartoffeln anbauen lassen, konnte sie aber nicht an den Genuß des mehligen Nachtschattengewächses gewöhnen – an den von Kartoffelschnaps schon.

»Schnaps« ersetzte nun umgangssprachlich den »Brand«, das Wort kommt aus dem norddeutschen »snaps« und bedeutet »Schluck«.

Die Massenalkoholproduktion begann. Weingeist wie auch Brand wurde in Riesenmengen hergestellt. Kornbrand minderer Qualität gehörte fortan zur Truppenverpflegung aller Heere.

Durch die Importe aus den Kolonien und die Verbesserung der Inlandsqualität entstanden mannigfaltige Qualitätserzeugnisse wie Rum, Arrak und Cognac (dem englischen Brandy vergleichbar). Die Briten spezialisierten sich auf die Whiskyproduktion.

Die Produkte bekamen Markennamen und eine standardisierte Geschmacksnote. Die unverwechselbare Geschmacksrichtung eines Markenproduktes galt lange Zeit als Qualitätskriterium.

Heute verläßt man sich nach wir vor auf die Qualität bekannter Marken. Doch läßt man sich gerne vom individuellen Geschmack eines Selbstgebrannten überzeugen. Er ist ein Naturprodukt und schmeckt deshalb beim nächsten Mal immer etwas anders als zuvor. Und er steckt voll angenehmer Überraschungen, wenn er mit Liebe und vor allem richtig gebrannt wurde.

In Österreich darf jedermann daheim und zum Eigenverbrauch Schnaps in einem Brennkessel bis zu zwei Liter Kesselvolumen brennen. In Italien sind es fünf Liter, in Deutschland ist es nur ein Liter. In Griechenland und Spanien unbegrenzt.

Und bevor Sie nun dazu gehen, das Schnapsbrennen Schritt für Schritt, so wie es in unserem Buch vorgeschlagen wird, nachzuvollziehen, will ich Ihnen zu guter Letzt noch ein wenig darüber erzählen, wie dieses Buch entstand.

Daß Schnaps wohlschmeckend und gesund ist, lernte ich schon von meinem Großvater, der einhundert Jahre alt wurde und nie krank war. Er trank täglich zwei Gläschen Selbstgebrannten. Edelraute, Enzian oder Wacholder nahm er nach dem Mittagessen zu sich, Himbeergeist oder Slibowitz so gegen sechs Uhr, als Aperitif vor dem Abendessen. Er lehrte mich, mit Schnaps umzugehen. So ließ er mich, als ich noch ein Kind war, nur den Duft einziehen. Erst zum Abitur schenkte er mir ein Gläschen ein. So blieb das Schnapstrinken für mich immer etwas, das man zelebriert und andächtig genießt.

Auf einer traditionellen Wallfahrt, die ich seit Jahren mache, lernte ich Helfried Schmickl kennen. Wir hatten schon über vierzig gemeinsame, zu Fuß zurückgelegte Kilometer hinter uns, als wir miteinander ins Gespräch kamen. Nach weiteren fünf Kilometern, am Ziel angelangt, zog er aus seinem Rucksack mehrere Flachmänner hervor, an denen ich riechen und deren Inhalt ich erraten durfte. Ich hatte ihm von meiner Begeisterung über die Schnapskultur erzählt, und nun wollte er meinen Sachverstand prüfen. Ich bestand, wie er später sagte, als einzige unter vielen Männern. Ich weiß heute noch, was ich auseinanderhielt: Holundergeist, Quittenbrand und Vogelbeerenschnaps.

So tranken wir ein paar Gläschen zusammen und beschlossen, ein Buch zu schreiben. Das Werk, dessen fachkundiger Inhalt vorwiegend von Helfried Schmickl stammt, kann ich Ihnen von ganzem Herzen empfehlen. Wer, wie er, auf einer Fachhochschule als FH-Professor Elektronik lehrt, weiß, wie man Fachwissen so weitergibt, daß es leicht nachvollziehbar ist.

Viel Spaß beim Brennen, Zuschauen, Experimentieren, Verkosten und Trinken!

Friederun Pleterski

I. Der Angesetzte

Der angesetzte Schnaps ist am einfachsten herzustellen und bringt erstaunlich gute Ergebnisse, wenn man einige Grundregeln befolgt. Der Phantasie zur Herstellung sind keine Grenzen gesetzt, da praktisch alles, ob Früchte oder Kräuter, verwendet werden kann. Auch mit den einschlägigen Gesetzen gibt es keinerlei Probleme, da man gekauften und somit bereits versteuerten Alkohol für das Ansetzen verwendet.

Der Auszug

Manche Früchte und Heilkräuter enthalten spezielle Wirkstoffe und Substanzen; diese können herausgezogen werden.

Verwendet man dazu Wasser, so ergibt das einen Kräuter- oder Früchtetee. Wird Alkohol verwendet, ist dies ein alkoholischer Auszug, im Volksmund gerne Schnaps oder Angesetzter genannt (obwohl unter Schnaps auch ein alkoholisches Destillat verstanden wird, aber davon später). Aus medizinischer Sicht spricht man von einer »Tinktur«, einem dünnflüssigen, farbigen Auszug. Das Wort kommt vom lateinischen tingere = tränken, färben.

- **Gewürzkraut, Wurzeln oder Früchte werden in Alkohol eingelegt bzw. »angesetzt«.**
- **Der Alkohol entzieht dem eingelegten Gut die Duft-, Aroma- und Wirkstoffe.**
- **Dieser Vorgang braucht Zeit, dauert einige Wochen und sollte bei Temperaturen von 20 bis 40 Grad durchgeführt werden.**
- **Ein »In-die-Sonne-stellen« ist für den »Angesetzten« günstig.**

Wir kennen Schnäpse, welche praktisch keine Duftstoffe besitzen, z.B. Wodka, Korn oder weißer Rum, da ihre Ausgangsmaterialien wie Kartoffeln, Zuckerrohr, Gerste oder Zuckerrübe kaum Aromastoffe beinhalten. Diese Getränke eignen sich vorzüglich zum Mischen mit Fruchtsäften und zum Ansetzen, da der Eigengeschmack der Früchte zum dominierenden Geschmacksanteil des Getränkes wird.

Für Schnäpse, bei welchen hochprozentiger Trinkalkohol mit Kräutern (z.B. Enzianwurz) oder Früchten (z.B. Himbeeren oder Sauerkirschen) mehrere Wochen angesetzt wird, soll man daher möglichst Schnäpse mit sehr geringem Eigengeschmack verwenden, damit das Aroma der Kräuter oder Früchte richtig zur Geltung kommt. Die Aromastoffe sind neben der Reinheit des Alkohols das A und O eines guten Schnapses.

Wenn man unbedingt etwas Süßes haben will, kann immer etwas Honig oder Zucker zugefügt werden, aber dann sind wir schon bei der Likörherstellung angelangt.

Zum Ansetzen eignen sich neben Wodka, Korn und Bacardi vor allem hochprozentiger Weingeist (den man entsprechend mit destilliertem Wasser verdünnt). Dieser weist von den genannten Alkoholika den geringsten Eigengeschmack auf. Beispiel: 96%iger Weingeist 1:1 mit destilliertem Wasser vermischt, ergibt ein geschmackloses Alkohol-Wasser-Gemisch von etwa 48 % Alkoholgehalt (48 %vol), welches sich vorzüglich zum Ansetzen eignet.

Destilliertes Wasser gibt es z.B. im Baumarkt in praktischen weißen 5-Liter-Kanistern. Diese Kanister bieten mehrere Möglichkeiten. Man kann sie wegen der großen Öffnung zum Ansetzen verwenden oder als Transportbehälter für 96%igen Weingeist nutzen. Weingeist ist in den deutschsprachigen Ländern in Apotheken erhältlich und sehr teuer; in südlicheren Gefilden oder in den ehemaligen Ostblockländern preisgünstig, von guter Qualität und in praktisch jedem Lebensmittelgeschäft mit Getränkeverkauf erhältlich. In Slowenien z.B. kostete 1999 ein Liter 96%iger Weingeist (96 %vol) etwa 4 Euro. Wenn man z.B. in einem Personenauto mit fünf Personen über die Grenze fährt, darf man fünf Liter hochprozentigen Alkohol einführen. Dafür eignet sich als Transportbehälter der Plastikkanister für destilliertes Wasser besonders gut; allerdings ist mit der ursprünglichen Aufschrift Vorsicht geboten.

Machen Sie einen einfachen Versuch zum Einstieg: Kaufen Sie 1 Liter möglichst hochprozentigen Wodka oder Ansatzkorn sowie 1/2 kg tiefgefrorene Himbeeren aus dem Supermarkt (oder frisch vom Markt bzw. aus dem Wald), und setzen Sie dies in einem sauberen Gurken- oder Einweckglas an. Dann warten Sie etwa 4 Wochen. Jetzt genießen Sie Ihr erstes Produkt mit den eingelegten Früchten. Sie werden vom Aroma und von der Qualität begeistert sein.

Beeren sollten nicht länger als drei Monate angesetzt werden, weil nach dieser Zeit der Alkohol die Geruchs- und Aromastoffe aus den kleinen Kernen herauszieht; dadurch bekommt der Angesetzte meist einen unangenehm bitteren Nachgeschmack.

Für größere Ansatzmengen eignen sich die italienischen 5- oder 10-Liter-Weinbehälter aus Glas sehr gut, weil sie eine große Öffnung und einen Fingerhenkel zum Hantieren haben. In diesen Glasballons kann man sehr gut Beeren, Kräuter oder zerkleinerte Früchte ansetzen. Natürlich kann man auch Plastikkanister nehmen, allerdings sollten diese lebensmittelecht und geruchsneutral sein (vor Gebrauch mit heißer Sodalösung auswaschen, gut

Glasballons im Kunstoffkorb mit beidseitigen Tragegriffen

nachspülen und zwei Tage mit Wasser gefüllt stehenlassen). Ich verwendete einmal einen Plastikkanister, in welchem sich ein mit chemischen Geruchszusätzen (Veilchenduft) versetztes Waschmittel befand. Trotz mehrmaligem sorgfältigen Waschen und Spülen kam dieser Geruch im späteren Ansatz wieder hervor; dieser mußte dann leider weggeworfen werden.

Es gibt käufliche Geschmacksessenzen wie etwa Himbeere oder Aprikose (Marille), diese könnte man dem Ansatz beigeben. Bitte lassen Sie die Finger davon. Am Markt erhältlich ist z.B. ein ungarischer Barrack (Aprikosenschnaps) mit Geschmacksessenz, den Touristen mit Begeisterung an den Grenzen einkaufen (weil er so schön billig ist und so intensiv nach Marille riecht und schmeckt); der sollte ein warnendes Beispiel sein.

Wir verwenden für unsere Produkte nur frische (und wenn es nicht anders geht, tiefgekühlte) Beeren und Früchte. Keine getrockneten Früchte verwenden, weil dann der natürliche ursprüngliche Fruchtgeschmack nicht mehr vorhanden ist.

Frische Kräuter kann man leicht selbst ziehen. Auf dem Gemüsemarkt oder im Supermarkt für Pflanzen kauft man die Jungpflanzen in Töpfchen, um sie dann zu Hause im Garten oder auf dem Balkon großzuziehen. Achtung: Zu dichte, fette Kräuter sind überdüngt und schmecken nach nichts. Bei Kräuterauszügen kann man auch getrocknete Pflanzen(teile) nehmen. Frische Kräuter sollten aber immer bevorzugt werden, weil der intensive Saft aus den Kräutern in den Ansatz übergeht.

Die käuflichen fertigen Kräutermischungen aus der Drogerie oder Reformhaus (z.B. Schwedenbitter etc.) sind teuer. Günstiger ist es, auf dem Markt frische oder getrocknete Kräuter einzukaufen oder in der freien Natur selbst zu sammeln. Beim Selbstsammeln empfiehlt sich jedoch ein gutes Kräuterbuch oder ein sachkundiger Begleiter.

Die einzelnen Kräuter müssen nicht gleichzeitig angesetzt werden. Bei Kräuterschnäpsen ist eine längere Ansatzzeit von einigen Monaten günstig. Man kann die Kräuter auch im Ansatzgefäß belassen und den jeweiligen Bedarf herausziehen und filtrieren, danach kann man wieder zwei- bis dreimal neuen Alkohol nachfüllen.

Ansatzmenge

Hier gilt eine einfache Regel:

Je mehr Beeren oder Kräuter im Ansatz, desto intensiver wird das Aroma. Nach vielen Versuchen hat sich folgendes bewährt: Man füllt das Glas bis zur Hälfte mit dem Ansatzgut und gießt es dann mit ungefähr 50%igem Schnaps (50 %vol) voll.

Bei Beeren mit viel Fruchtsaft wie z.B. bei Himbeeren mindert sich der spätere Gesamtalkoholgrad des Angesetzten auf etwa 30 %vol. Will man als Endprodukt einen Schnaps mit etwa 40 bis 45 %vol Alkoholstärke erhalten, muß somit die Stärke des Ansatzalkoholes etwa 60 %vol betragen.

Wenn Sie Ihr Produkt Gästen kredenzen, essen erfahrungsgemäß Mißtrauische und ganz Schlaue nur die Früchte aus Angst, sie könnten einen Schwips bekommen. Warten Sie ein gutes Viertelstündchen, und die »Übergescheiten« werden eines Besseren belehrt.

Die Trinkstärke sollte 45 bis 50 %vol nicht überschreiten; meistens wird aber bereits dies als zu stark (scharf) empfunden. Die Lösung ist jedoch ganz einfach: Mischen Sie Ihr 45 %vol starkes Getränk mit destilliertem Wasser (ca. 10 % des vorherigen Volumens), schon haben Sie einen Schnaps mit ca. 40 %vol, mit den Vorteilen, daß das Aroma des Schnapses besser hervorkommt und mehr Flüssigkeit entsteht (ein einfacher Trick von Schnapsherstellern zum Strecken des Getränkes).

Rezepte für Angesetzte

Himbeerschnaps

Himbeeren sammeln oder einfach auf dem Markt kaufen, auch tiefgefrorene Beeren können verwendet werden. Das Glas etwa zur Hälfte mit Früchten füllen und den möglichst geschmacklosen Alkohol mit einer Stärke von etwa 50 %vol darübergießen, bis das Glas voll ist. Nach einigen Wochen ist der nun leuchtend rot gewordene Schnaps trinkfertig und hat den Früchten die Farbe und das Aroma entzogen. Wegen der Fruchtflüssigkeit verringert sich die Alkoholstärke im Ansatz auf etwa 30 %vol. Man kann, wenn man

will, durch Zugießen von »Hochprozentigem« die Alkoholstärke wieder erhöhen. Dies ist aber nicht unbedingt notwendig, da es viele Genießer gibt, welche einen »Niederprozentigen« wegen des guten Aromas und Geschmacks bevorzugen oder überhaupt keinen scharfen Schnaps trinken wollen.
Wichtig: Länger als zwei Monate sollten Himbeeren nicht angesetzt werden, da dann aus den kleinen Kernen die oben erwähnten bitteren Geschmacksstoffe herausgelöst werden. Die einfachste Lösung ist, die Früchte nach dieser Zeit aufzuessen oder z.B. auf Vanilleeis zu flambieren. Man kann sie auch in den Rumtopf geben.

Wenn Sie eine Fruchtpresse oder eine »Flotte Lotte«, ein Küchengerät, zu Hause haben, können Sie die Früchte auspressen und den so erhaltenen, sehr geschmacksintensiven Teil zum übrigen Ansatz dazumischen. Der Gesamtansatz wird dann mit Hilfe eines Kaffeefilters in Flaschen abfiltriert. Dieser angesetzte Schnaps eignet sich auch hervorragend für das spätere Brennen zu Himbeergeist.

Walderdbeerenschnaps

Walderdbeeren werden am besten bei einem Ausflug im Wald gesammelt und dann wie Himbeeren angesetzt. Der Geschmack ist köstlich. Die Früchte sollten aber noch nicht weich sein, da sie sonst im Ansatz eine Trübung hervorrufen; der Schnaps müßte dann filtriert werden.

Heidelbeerschnaps

Bei Heidelbeeren (auch Schwarz- oder Blaubeeren genannt) gilt für den Ansatz das gleiche wie bei Himbeeren; das Aroma und der Geschmack bestechen durch ihre besondere Note.

Schnaps aus Weichseln (Sauerkirschen)

Weichseln, Amarellen, Sauerkirschen oder Schattenmorellen werden wie Himbeeren angesetzt. Allerdings sollte die Ansetzzeit hier länger sein, da der leichte Bittermandelgeschmack aus den Kernen dem Schnaps eine eigene, angenehme Note verleiht.

Orangenschnaps

Vier bis sechs ungespritzte Orangen werden mit einem Kartoffelschäler geschält. Ungespritzte Orangen erhält man nur zu bestimmten Jahreszeiten in guten Obstgeschäften oder Reformhäusern. Die dünnen abgeschälten

Schalen werden dann wie vorher beschrieben angesetzt. Dieser Schnaps hat durch sein besonders intensives Aroma eine sehr elegante Note und schlägt den sündteuren Grappa di Arrancia im Geschmack um Längen.

Setzt man mit hochprozentigem Alkohol an und verdünnt nach einigen Wochen auf Trinkstärke, wird der Schnaps milchig gelb, ähnlich wie beim Verdünnen von französischem Pernod oder griechischem Ouzo mit Wasser. Setzt man gleich in der Trinkstärke an, wird der Ansatz gelb, bleibt aber durchsichtig. Variante: Nimmt man Zitronen- statt Orangenschalen und süßt etwas mit Honig, erhält man praktisch den »Limoncello«, auch bekannt als »Liquore al Limone« oder »tipico Limoncello Mediterraneo«, eine Spezialität aus Capri. Dieser süßliche Schnaps ist Capri-Urlaubern wohlbekannt. Die Fläschchen sind zwar recht teuer, der Inhalt ist aber gut und bekömmlich.

Apfelschnaps

Obwohl es Äpfel gerade zur Zeit des Hochsommers bis in den Herbst hinein überall gibt, ist das Rezept für die Herstellung von Apfelschnaps noch weitgehend unbekannt. Doch Apfelschnaps gewinnt immer mehr Freunde.

Das Rezept: ½ kg aromatische Äpfel, befreit vom Kerngehäuse, zusammen mit ¼ Liter Obstbrand und ¼ Liter Wasser mixen. Der so entstandene Apfelbrei wird in ein verschlossenes Weißglasgefäß gefüllt und zwei Wochen lang kühl gelagert. Der gelagerte Apfelbrei wird abgefiltert, der Rückstand mit ⅛ Liter Wasser übergossen und noch einmal filtriert. Der gesamten gewonnenen Flüssigkeit wird dann 1 Liter Obstbrand beigefügt. Zur Abrundung wird etwas Vanilleschote und der Saft einer Zitrone beigegeben. Dieser Schnaps enthält sehr viel Pektin, deshalb muß man mit einer natürlichen Trübung rechnen, die sich nur unvollständig am Boden absetzt und zum Teil im fertigen Getränk sichtbar bleibt. Dies gehört eben zur Eigen-schaft eines echten Apfelschnapses.

Schlehdornschnaps

Den knapp zwei Meter hohen, mit dunklen Dornen gespickten Strauch nennt man auch deutsche Akazie, Heckendorn, Schwarzdorn, Schlehenpflaume oder wilder Zwetschgenbaum. Er wächst häufig am Waldrand oder auf Lichtungen und bildet zwischen den Hecken gern eine geschlossene Gruppe. Die Schlehdorn ist eine kleine, runde blaue Frucht, ähnlich einer Zwetschge mit grünlichem Fruchtfleisch, aber im Geschmack sehr sauer. Schlehdornbeeren sollten normalerweise erst nach dem ersten Frost geerntet werden. Für unsere Zwecke muß dies aber früher geschehen, weil angesetzte gefrostete Schlehdornbeeren eine Trübung im Schnapsansatz hervorrufen.

Der Geschmack ist vor allem wegen der Säuerlichkeit der Frucht sehr interessant, und der Auszug soll auch sehr gesund sein, vor allem bei Husten und Lungenkrankheiten. Er wirkt wegen der Schärfe der Frucht auch adstringierend (Zusammenziehen der Kapillargefäße).

Feigenschnaps

Drei bis vier frische, ausgereifte Feigen in zwei Liter Alkohol mit einer Stärke von 45 %vol ansetzen und etwa drei Wochen ziehen lassen. Der Geschmack ist sehr zart und leicht süßlich, das Aroma der Feige kommt voll zur Geltung. Die angesetzten Feigen kann man aus dem Ansatz nehmen und mit Schlagsahne oder Eis als Nachspeise servieren. Ein kleiner Tip: Nicht zuviel Feige nehmen, sonst ist die Wirkung ungeheuer, da man wegen des Fruchtgeschmackes den Alkohol kaum wahrnimmt.

Eine Geschichte am Rande: An Feigen berauschen sich auch Tiere. Schafe, Ziegen oder Esel lieben überreife Feigen, die am Boden liegen. In diesen gärt es im Inneren – und das macht die Tiere lustig. Gibt es auf der Weide im Süden also einen Feigenbaum, so werden Sie darunter mehr Tiere als anderswo finden.

Schnaps aus grünen Nüssen

Früher stand ein einzelner Walnußbaum in jedem Bauerngarten. Man betrachtete ihn als Wahrzeichen für Schutz und Fruchtbarkeit. Schon Paracelsus meinte, daß die Natur uns Zeichen für den jeweiligen Verwendungszweck ihrer Produkte gebe. Schneidet man die Walnuß auf, sieht deren Inneres wie ein Gehirn aus. Hieraus wurde auf die Stärkung des Denkpols durch den häufigen Genuß von Walnüssen geschlossen. Aus heilkundlicher Sicht gilt die Walnußfrucht als magenstärkend und stoffwechselanregend.

Das Rezept: Grüne Walnüsse werden halbiert und mit der Schale angesetzt. Das Innere der Nüsse muß noch weiß sein. Nach zwei Monaten ist ein schwarzer Schnaps mit einem kräftigen Aroma entstanden. Vorsicht vor Flecken, diese sind schwer wegzubekommen. Auch dieser Angesetzte ergibt einen hervorragenden Nußschnapsgeist, wenn er, wie später beschrieben, gebrannt wird.

Johanni-Trank

Werden die Nüsse am Festtag des Hl. Johannes des Täufers, am 24. Juni, gesammelt, erhält man den alten »Johanni-Trank«.

Das Rezept: Man sammelt 10 grüne Nüsse, zerkleinert sie mit der noch grünen Schale und gibt sie mit 1 Liter geschmacklosem Alkohol mit einer Stärke von 45 %vol in ein weißes, weithalsiges Glasgefäß. Dann zerbricht man eine Stange Zimt und fügt sie dem Ansatz gemeinsam mit drei Gewürznelken, etwas Zitronenschale und zwei mit der Schale in Scheiben geschnittenen Orangen aus biologischem Anbau bei. Nun das verschlossene Gefäß acht Wochen lang an einen sonnigen Ort stellen. Dann den Ansatz filtrieren und drei Monate dunkel und kühl lagern. So entsteht ein aromatischer Nußtrank. In kleinen Mengen vor den Mahlzeiten genossen, wirkt er stoffwechselanregend, magenstärkend und kräftigt auch die Nieren.

Weinrautenschnaps

Weinraute ist ein Kraut, welches man sehr leicht selbst pflanzen kann (im Garten, in einem Töpfchen auf dem Balkon oder im Zimmer). Zum Ansetzen sollte man nur frisches Kraut verwenden. Italienurlaubern ist der besondere Geschmack der Weinraute im »Grappa di Ruta« bekannt. Es genügt, einige Stämmchen der Weinraute in 1 Liter Alkohol mit einer Alkoholstärke von 45 %vol anzusetzen. Nach einigen Tagen erhält der Schnaps eine wunderschöne grüne Farbe, einen intensiven charakteristischen Geschmack und wird sehr gerne als Digestif nach einem guten Essen getrunken.

Enzianschnaps

Getrocknete Wurzeln des gelben Enzians erhält man in jeder Apotheke, im Reformhaus oder in der Drogerie. Zum Ansetzen für zwei Liter wird eine Handvoll getrockneter Wurzeln benötigt. Nach einigen Wochen ist das Ergebnis ein ausgesprochen bitterer Schnaps, hervorragend geeignet für Liebhaber dieser Geschmacksrichtung. Der intensiv gelbe Schnaps ist verdauungsfördernd und appetitanregend.

Salbeischnaps

Es sollte nur frischer Salbei angesetzt werden, der Saft und die hustenlindernden und entzündungshemmenden Wirkstoffe des Krautes gehen direkt in den Ansatz über. Das Kraut kann man selbst ziehen oder fertig als kleinen Strauch im Pflanzenmarkt kaufen. Nur im Ausnahmefall sind getrocknete

Salbeiblätter zu verwenden. Man füllt ein Ansatzglas etwa zur Hälfte mit frischen Salbeiblättern und füllt dann mit etwa 45 %vol Schnaps auf. Nach zwei bis drei Wochen erhält man einen dunkelgrünen Schnaps, der sehr intensiv nach Salbei schmeckt. Man hat das Gefühl, eine richtige Medizin zu trinken! Was ja auch stimmt, denn die oben beschriebenen Wirkungen des Salbeis wurden in den Auszug übernommen.

Schnaps aus gemischten Kräutern

Auch bei den Kräutern sollten möglichst nur frische genommen werden. Auf manchen Märkten gibt es noch richtige Kräuterstände. Da kauft man am besten eine große Tüte mit einem Potpourri aus möglichst vielen Kräutern, welche dann angesetzt werden. Oder man sammelt selbst in der freien Natur; hierfür empfiehlt sich ein gutes Kräuterbuch oder sachkundige Begleitung. Der Phantasie über die Zusammensetzung der Kräuter sind keine Grenzen gesetzt. Als Gewürzkraut ist praktisch fast alles einsetzbar. Luststock (Maggikraut oder Liebstöckel) lehne ich allerdings ab, es schmeckt zu sehr nach Suppenwürze, und daher habe ich das Kraut lieber in einer guten Rinderbrühe als im Schnaps.

Wichtige Bestandteile für die Kräutermischung sind: Wermut, Enzian, Baldrian, Kalmus, Zitronenmelisse, Tausendguldenkraut, Salbei, Koriander, Ingwer, Kümmel, Anis, also schlechthin alles, was einen Schnaps so richtig bitter und kräftig im Geschmack macht. Die Mischung wird einige Wochen angesetzt, das Ergebnis ist ein dunkelbrauner Bitter. Wenn er Ihnen zu bitter im Geschmack ist, können Sie etwas Honig dazugeben.

Ein derartiger Bitter hält Leib und Leben zusammen, wie meine Großmutter zu sagen pflegte. Die Erfahrung zeigte mir, daß sie recht hat, denn bei Fernostreisen ist ein kräftiger Schluck vor und nach jedem Essen fast schon eine hundertprozentige Garantie dafür, daß die Verdauung gut funktioniert. Auch sonst wirkt dieser Schnaps bei Verdauungs- oder Magenproblemen Wunder.

Rosenblätterschnaps

Das Rezept für diesen außergewöhnlichen Schnaps stammt aus China. Wenn Sie in Ihrem Garten einen oder mehrere Rosensträuche haben, so sammeln Sie die voll aufgeblühten Rosenblüten sowie deren Blütenkelche (am besten bei schönem Wetter am Vormittag) und geben diese in Alkohol mit einer Stärke von etwa 50 %vol. Das Ergebnis ist ein interessanter Schnaps mit einem besonderen, parfümartigen Aroma.

Ingwerschnaps

Eine frische Ingwerknolle wird feinblättrig aufgeschnitten und in 2–3 Liter Schnaps mit 45 %vol angesetzt. Nach zwei bis drei Wochen erhält man ein gelbliches, pikant scharf schmeckendes Getränk. Zur Minderung der Schärfe kann etwas Saft von weißen Johannisbeeren (Ribiseln) beigegeben werden. Ein oder zwei Schnapsgläschen, bei Kreislaufproblemen oder allgemeiner Müdigkeit getrunken, wirken wahre Wunder. Mit Zitronensaft und dem Saft einer ausgepreßten Knoblauchzehe vermischt, ist Ingwerschnaps das beste Mittel gegen aufkommendes Halsweh.

Alkohol als Medizin: Die Kräuterauszüge

Ein erfahrener Landarzt, der einmal selber zur Kur fahren mußte und von einem jungen Kollegen vertreten wurde, der noch wenig Praxis hatte, gab diesem einen Ratschlag: »Frauen verschreiben Sie Tee, Kindern Saft und Männern einen Schnaps. Das hilft immer.«

Wie man heute weiß, heilt die Hälfte der Erkrankungen von selber, wenn man sich Zeit läßt. Man kann den Heilungsprozeß aber unterstützen – durch Medizin. Und zwar durch Naturmedizin. Da man Kräuter selten roh essen kann, suchte man nach Möglichkeiten, sie in flüssiger Form zu sich zu nehmen. Die Flüssigkeit zieht die Wirkstoffe aus den Kräutern heraus und nimmt sie an. Alle diese Flüssigkeiten nennt man »Auszüge«. Solche Kräuterauszüge sind entweder: Suppen, Säfte, Tees oder Kräuterschnäpse und Kräuterliköre.

Kräuterschnäpse nennen sich gerne Kräutertinkturen; das klingt gesünder. Und im Prinzip ist die Kräutertinktur wirksamer als z.B. Tee, da der Alkohol die Gefäße erweitert, den Blutkreislauf kurzfristig anregt und so die Aufnahme der Wirkstoffe verstärkt. Unter einer Bedingung: Die Kräuter müssen stark konzentriert sein, so daß ein kleines Gläschen, oft auch nur ein Löffel voll, genügt. Kräutertinkturen gibt es in allen Volksmedizinen der Welt. Ursprünglich waren sie nur dort verbreitet, wo man auch Branntwein herstellte. So spielt Branntwein in der afrikanischen, aber auch in der indianischen Medizin eine wichtige Rolle. In China kommt man – rein medizinisch gesehen – ohne ihn nicht aus. Fast all die chinesischen Wundertinkturen, die zur Stärkung der Lebensenergie verabreicht werden, sind Kräuterschnäpse.

Im Prinzip werden Kräutertinkturen überall auf der Erde ähnlich zubereitet. Und überall sollte gelten: Auch vom Gesunden ist »allzuviel« ungesund. Besonders bei den in kleinen Mengen heilkräftigen Angesetzten gilt es aufzupassen. Berühmt-berüchtigt war im vorigen Jahrhundert z.B. der Absinth, ein Wermut-Schnaps, der, in kleinen Mengen genossen, wohltuend wirkt, in größeren Mengen aber schadet.

Wermut ist, wie auch Rosmarin oder Petersilie, kein harmloses Kraut. In der Antike z.B. wurde Wermut zum Einleiten der Menstruation und sogar zur Abtreibung verwendet. Man gebrauchte ihn innerlich und äußerlich in großen Mengen. Zuviel von ihm bereitet Unterleibskrämpfe und Kopfweh.

Monsieur Pernod erfand vor einhundertfünfzig Jahren in Paris den Absinth-Schnaps. Er wurde mit Wermut, Anis, Fenchel, Melisse und Ysop angesetzt. Er sollte die Sinnlichkeit und die Kreativität anregen und wurde zum Modegetränk, einer Art Droge der Boheme. Andere Varianten entstanden: mit einer Mischung aus Kalmus, Sternanis, Koriander, Diptam, Beifuß, Wacholder, Spinat, Oregano und Muskat. Lauter »starke« Kräuter, die, nimmt man mehr als ein Gläschen zu sich, bereits mehr schädigen als helfen. (Vorsicht ist insbesondere bei Kalmus geboten; er ist, in größeren Mengen zu sich genommen, krebserregend).

Kräuterschnäpse kann man aus medizinischen Gründen ansetzen, aber auch, weil sie einfach gut schmecken. Wenn man Kräuter, Wurzeln und andere aromatische Gewürzstoffe ohne andere Zutaten in Schnaps ansetzt, nimmt er ihr Aroma an. Frische Wacholderbeeren, Vogelbeeren, Kalmuswurzeln, Kerbelkraut, junge Blätter der schwarzen Johannisbeeren, Engelwurz, Löwenzahnblüten, junge Schafgarbenblüten, Johanniskraut, Tannen- oder Fichtenspitzen oder kleine grüne Kiefernzapfen werden in eine weithalsige Flasche gegeben, mit gutem Branntwein wie Wodka oder Kornbranntwein (kein Obstbrand, da dieser selbst genug Aroma hat) übergossen und verkorkt, eine Zeit stehengelassen und sind dann trinkfertig. Man kann die Kräuter und Gewürze in der Flasche lassen und braucht nicht zu filtrieren.

Angelikatinktur (Engelwurz)

Frische, gewaschene und kleingeschnittene Angelikawurzeln in ein Schraubglas füllen (etwa halbvoll), mit Ansetzbranntwein oder einem Obstler übergießen, so daß alles gut bedeckt ist. Drei Wochen ziehen lassen, gelegentlich schütteln. Abseihen und in eine dunkle Tropfflasche füllen.

Arnikatinktur

Die Arnika heißt auch »Wohlverleih«, was ihre wunderbaren Eigenschaften unterstreicht. In der Volksmedizin ist sie vor allem ein Wundheilmittel. Pfarrer Kneipp hielt die Arnikatinktur für die beste Medizin bei Verwundungen und konnte sie deshalb nicht genügend oft empfehlen. Arnika, äußerlich angewendet, wirkt entzündungshemmend, antiseptisch, stillt den Wundschmerz und regeneriert das Gewebe. Wunden, Abszesse, Furunkel werden mit verdünnter Arnikatinktur gereinigt. Danach legt man eine Kompresse, in verdünnter Arnikatinktur getränkt, auf. Bei Quetschungen, Verstauchungen, Prellungen macht man Umschläge mit verdünnter Arnikatinktur. Umschläge auf Kopf und Nacken mit verdünnter Arnikatinktur lindern Kopfschmerzen. Bei Mandelentzündung, Heiserkeit und rauher Stimme hilft Gurgeln mit verdünnter Arnikatinktur. Bei Mund- und Zahnfleischerkrankungen macht man Pinselungen mit der verdünnten Tinktur. Müde Glieder und Füße reibt man mit Arnikaöl ein.

Die Kräfte der Arnika müssen richtig dosiert werden. Unverdünnt können die Tinktur oder der Tee Hautentzündungen hervorrufen. Besonders bei Allergikern und Menschen mit sensibler Haut muß man mit Arnikaanwendungen vorsichtig sein.

Zu Umschlägen und Waschungen wird die Tinktur mit abgekochtem Wasser verdünnt: 1 Eßl. Tinktur auf ¼ – ½ Liter Wasser (je nach Empfindlichkeit). Auf den Almen in der freien Natur ist die Arnika eine geschützte Pflanze. Sie kann jedoch auch im Garten gepflanzt und geerntet werden. Die Tinktur können Sie selber herstellen: ein Teil frische verlesene Arnikablüten auf vier Teile 75%igen Weingeist geben. Die Blüten in ein Glas füllen, mit dem Alkohol übergießen, gut verschließen und ca. zwei Wochen ziehen lassen. Öfter schütteln. Abseihen und in eine dunkle Flasche füllen.

Beifußtinktur

Ein kleines dunkles Schraubglas zur Hälfte mit frischer zerstampfter Beifußwurzel füllen, mit 60%igem Alkohol aufgießen, verschließen und drei Wochen ziehen lassen. Gelegentlich schütteln. Abseihen und in dunklen Flaschen aufbewahren. Tagesdosis: 3–5 Tropfen dreimal täglich.

Blutwurztinktur

Die Tinktur enthält mehr Heilkraft, wenn man sie aus der frischen Wurzel zubereitet. Man zerstampft die gesäuberten Wurzeln in einem Steinmörser, füllt sie zur Hälfte in ein dunkles Schraubglas und füllt das Glas mit 90%igem Alkohol auf. Zwei bis drei Wochen ziehen lassen, öfter schütteln, abseihen und in dunkle Tropfflaschen füllen. Dosis: mehrmals täglich 30–50 Tropfen.

Johanniskrauttinktur

Die oberen Triebspitzen sowie die Blätter und Blüten gegen Mittag bei Schönwetter abzupfen und ein dunkles Schraubglas damit auffüllen. Mit 45%igem Alkohol übergießen, so daß alles gut bedeckt ist. Verschließen und ca. drei bis vier Wochen stehenlassen. Gelegentlich schütteln. Abseihen, in dunkle Tropfflaschen füllen und im Dunklen aufbewahren.

Ringelblumentinktur

Ein Glas mit frischen Ringelblumenblüten füllen und mit 45%igem Alkohol oder gutem Kornbranntwein übergießen. Gut verschließen und ca. drei bis vier Wochen ziehen lassen. Gelegentlich schütteln. Abseihen und in dunkle Flaschen füllen.

Magenbitter

Zutaten: Angelikawurzel, Enzianwurzel, Wermutkraut, Kalmuswurzel (je eine Handvoll), 1 Zimtstange, Ansetzbranntwein oder Obstler.

Mit den kleingeschnittenen (am besten frischen) Wurzeln ein Schraubglas zur Hälfte füllen, Zimtstange dazugeben und mit dem Alkohol übergießen, so daß das Glas ganz voll ist. Gut verschließen. Zwei bis drei Wochen ziehen lassen, gelegentlich schütteln. Abseihen, in Tropfflaschen füllen. Vor dem Essen 20 bis 30 Tropfen einnehmen.

Der große Schwedenbitter

Der berühmte Schwedenbitter gilt als Hausmittel bei allen möglichen Krankheiten. Die Zutaten sind allerdings recht teuer. Man besorge sich 2 Liter 45%igen Alkohol, 7 g Angelikawurzeln, 4 g Eberwurz, 26 g Aloe, 2 g Kampfer, 2 g Tormentil (Blutwurz), 18 g Rhabarber, 2 g Bibernell, 5 g Lärchenschwamm, 18 g Theriak Venetian, 2 g Safran, 2 g Muskatnüsse, 13 g Myrrhe, 2 g Sennesblätter, 18 g Kalmuswurzel, 9 g Zittwerwurzel, 35 g Muskatbohnen, 7 g Enzian, 7 g Diptam (Dietamwurzel), 5 g Terra sigulata fer. (Bolus rubra), 54 g Kandiszucker und 12 g reinen Zucker.

Zubereitung: Die Zutaten stoßen, mit zwei Liter Korn (mindestens 40 %vol) übergießen und gut durchschütteln. 10 Tage aufbewahren, zwischendurch öfter schütteln. Dann den klaren Teil abfüllen und den Rest durch einen Lappen mit Watte filtrieren (es geht auch ein Kaffeefilter). Beide Teile zusammenmischen, dann erst den Zucker hinzugeben und schütteln, bis der Zucker gelöst ist. In kleine Fläschchen abfüllen und etikettieren.

Der kleine Schwedenbitter

Man verwende 20 g Aloe, 10 g Myrrhe, 2 g Safran, 10 g Sennesblätter, 10 g Manner, 10 g Eberwurz, 10 g Angelikawurzel, 10 g Kampfer, 10 g Zittwerwurzel, 10 g Theriak Venezian, 2 l 40%igen Alkohol, 54 g Kandiszucker und 12 g reinen Zucker.

Der Ansatz und die Herstellung geschehen wie beim »großen« Schwedenbitter.

In Apotheken kann man sich auch fertige Schwedenbittermischungen oder andere Kräutermischungen kaufen und diese nach Rezept ansetzen; dann ist allerdings die Freude an etwas Selbstproduziertem dahin. Außerdem sind die fertigen Mischungen recht teuer.

Tinkturen aus China

In China werden medizinische Kräuter von drei Monaten bis zu einem Jahr in hochprozentigen Alkohol gelegt. Bei teuren Mitteln, wie z.B. bei wildgewachsenem alten Ginseng oder zartem jungen Hirschhorn, ist die Tinktur die ökonomischste Art, dem Körper Kraft- und Heilstoffe zuzuführen.

Das Verhältnis zwischen Alkohol und Heilkräutern hängt von den Eigenschaften der Kräuter und vom persönlichen Geschmack ab. Grundsätzlich benutzt man in China 60 bis 120 Gramm Kräuter pro Liter Alkohol.
Man nimmt die Tinkturen, wie etwa solche, die Ginseng enthalten, ab dem 30. Lebensjahr täglich regelmäßig ein. Im Prinzip kann jede Art von destilliertem Alkohol als Grundlage benutzt werden; empfehlenswert sind Wodka, Rum oder Weingeist.

Kaufen Sie Chinakräuter im Kräuterladen gehackt oder in Stücke gebrochen, aber nicht gemahlen, und geben Sie sie in ein großes sauberes Gefäß aus Glas oder Keramik. Gießen sie Wodka oder anderen Alkohol ohne intensiven Eigengeschmack im oben angegebenen Mengenverhältnis über die Kräuter, und verschließen Sie das Gefäß luftdicht. Der Inhalt muß mindestens drei Monate ziehen und dabei hin und wieder gut geschüttelt werden. Je älter die Tinktur ist, desto stärker wird sie, und desto besser schmeckt sie.

Nach frühestens drei Monaten öffnen Sie das Gefäß und schütten die Hälfte der Flüssigkeit durch einen Stoffilter. Die gefilterte Tinktur füllen Sie in saubere Flaschen. Dann schütten Sie die Hälfte der ursprünglichen Alkoholmenge auf die Kräuter im Gefäß, verschließen es wieder luftdicht und lassen den Inhalt für weitere drei bis sechs Monate ziehen. Danach können Sie alles abfiltern und die benutzten Kräuter wegwerfen. Insgesamt haben Sie nun ungefähr neun Flaschen Tinktur, die Sie fest verschlossen halten sollten. Geben Sie in jede Flasche noch etwas Rohzucker, Honig oder Kandiszucker. Dadurch wird das Aroma runder, der Körper kann die Wirkstoffe leichter aufnehmen und verarbeiten. Die Flaschen können auch ohne Kühlung unbegrenzt aufbewahrt werden. Solange sie gut verschlossen sind, wird die Tinktur ihre Heilkraft nicht verlieren.

Die Standarddosis zur Einnahme von Kräutertinkturen liegt zwischen 25 und 50 ml, je nach individueller Konstitution, Jahreszeit und dem Zweck der Einnahme. Nehmen Sie im Winter und bei kaltem Wetter etwas mehr, im Sommer und bei tropischem Klima etwas weniger. Nehmen Sie etwas mehr, wenn Sie eine sofortige Wirkung haben wollen, etwas weniger zur Vorbeugung.

Um den größtmöglichen Nutzen und eine schnelle Aufnahme in den Körper zu erzielen, sollten Sie die Tinktur zweimal täglich auf leeren Magen nehmen, etwa eine Stunde vor dem Abendessen als eine Art Aperitif und eine Stunde, bevor Sie zu Bett gehen. Dann wärmt die Tinktur den Körper und sorgt für einen guten Schlaf. An einem sehr kalten Wintermorgen können Sie Ihren »Motor aufwärmen«, indem Sie gleich nach dem Aufstehen eine Dosis nehmen. Wenn Ihnen der Geschmack zu stark ist, füllen Sie die Tinktur mit der gleichen Menge warmen Wassers auf. Wenn Sie auf Alkohol empfindlich reagieren, schütten Sie etwas kochendes Wasser auf die Tinktur, und lassen Sie die Mischung ein paar Minuten ziehen; auf diese Weise verdunstet der meiste Alkohol, während die Kräuteressenz erhalten bleibt.

Ginseng-Tinkturen

Sie werden als Wundermittel gepriesen, die selbst erschlafften Männern wieder Kraft verleihen sollen: die Tinkturen, Weine und anderen Säfte mit Ginseng.

Nun ist Ginseng wirklich eine kräftigende Pflanze, »ein Geschenk der Natur«, doch es hilft nicht bei Impotenz oder Libido-Schwäche. Man nimmt es vorbeugend zu sich, um lange zu leben und dabei gesund und potent in allen Belangen zu bleiben.

Achten Sie bei allen Ginsengtinkturen auf ihre Herkunft. Ginseng ist sowohl in Sibirien als auch im Norden Amerikas beheimatet. Dort wächst er wild – seine Wurzel wächst nur 1 cm pro Jahr. Je älter sie ist, desto kräftigender wirkt sie. Kostbar sind Wurzeln von wildwachsenden Pflanzen, die ein Alter von 50 Jahren haben, also ungefähr 50 cm lang sind. Ginseng wird aber auch in Kulturen angebaut. Er wird dann gedüngt, wächst rasch und entwickelt nur schwache Heilkräfte.

Die Heilwurzel wirkt auf den ganzen Körper. In China war es Brauch, daß ein Vater seinem Sohn zur Heirat eine Ginsengwurzel schenkte, um ihm damit zu sagen, er solle beizeiten auf seine Körperkräfte achten. Die Wurzel des Ginsengs sieht meist sehr »menschlich« aus, hat zwei »Beine«, einen Körper mit einem dem männlichen Glied ähnelnden Teil; wahrscheinlich schrieb man ihr deshalb »magische Wirkung« zu. Sie wird beim Trocknen steinhart.

Vanilletinktur

Der Vanille wird seit alters her eine aphrodisierende, die Weiblichkeit verstärkende Wirkung zugesprochen. Besonders in Arabien und Afrika ist sie beliebt. Sie brauchen: 80 g Vanilleschoten und 1 Liter 70%igen Alkohol.

Zerkleinern Sie die Schoten, geben Sie sie in ein verschließbares Glas, übergießen Sie sie mit dem Alkohol. Zwei Wochen stehenlassen, gelegentlich aufschütteln, in eine Flasche filtrieren, mit Zuckersirup süßen. Geben Sie Ihrem Tee oder Kaffee täglich ein Schnapsgläschen dieser Tinktur bei.

Schamanen-Spezial

In Südamerika schließen sich Alkohol und Konsum psychedelischer Drogen nicht aus. Indianische Curanderos oder Brujos (Heiler oder Zauberer), aber auch afrikanische Medizinmänner nehmen bei Heilzeremonien beides zu sich.

In Mexiko verschreibt man die im folgenden beschriebene Mischung als sicher wirkendes Aphrodisiakum – bei uns ist sie wegen des Verbotes von Cannabiskonsum nicht zulässig.

Basis ist 1 Liter Tequila (Agavenschnaps). Dazu geben Sie eine Chilischote, eine Handvoll Hanfblüten oder Hanfwurzeln und Salz; das setzen Sie eine Woche lang an. Wenn sich die Mexikaner ein Gläschen davon genehmigen, geben sie den Saft einer frischgepreßten Limone dazu.

Heilwirkungen von in Schnaps ansetzbaren Wundkräutern

Arnika
Hieb-, Stich- und Schnittverletzungen, Blutergüsse an Weichteilen, stärkt arterielle und venöse Gefäße, Mittel zur Lokalbehandlung von Entzündungen bei frischen Wunden.

Beifuß
Hilft bei müden Füßen, Muskelkater und Neuralgien. Man reibt die schmerzenden Stellen damit ein.

Beinwell
Regeneriert das Gewebe, heilt Blutergüsse besonders dort, wo der Knochen direkt unter der Haut liegt und auch der Knochen etwas »angeschlagen« ist. Er hilft bei stumpfen Verletzungen mit Gewebeverlust. Man verwendet Beinwell dort, wo Arnika zu scharf ist und Allergien erzeugt, sowie bei älteren Wunden.

Blutwurz
blutstillend und zusammenziehend bei stark blutenden Wunden. Ist aber auch ein altes Volksheilmittel bei Magen- und Darmerkrankungen.

Gundermann
Bei eiternden, schlecht heilenden Wunden und bei Verbrennungen.

Johanniskraut
Bei Wunden und Brandverletzungen, dort, wo Nervenspitzen verletzt sind, auch bei Neuralgien, frischen Erfrierungen und Verbrennungen. Johanniskraut ist »die Arnika der Nerven«, es ist eines unserer besten Nervenheilmittel und hilft u.a. bei Winterdepression. Als Tee und Tinktur kann es unser Gemüt aufhellen; besonders leicht erregbare und auch schwermütige Menschen profitieren von dem Kraut. Es stärkt die Nerven und gleicht aus bei nervlicher Erschöpfung; anzuwenden ist es auch bei Kopfschmerzen nach Gehirnerschütterung, bei Schlaflosigkeit durch nervliche Erregung und Anstrengung sowie bei Schockzuständen. Man trinkt je nach Bedarf zwei bis drei Tassen Tee täglich oder nimmt von der Tinktur dreimal 20 Tropfen ein. Nach einem

schweren Schock, z.B. nach einem Unfall, hilft ein halbes Likörgläschen Johanniskrauttinktur.

Johanniskraut macht aber gegen Sonnenlicht empfindlich, sowohl bei äußerlicher als auch innerlicher Anwendung. Man sollte behandelte Körperstellen nicht der Sonne aussetzen und sich während einer Kur besonders gut vor Sonnenstrahlen schützen.

Ringelblume

Überall dort, wo Wunden schlecht heilen, auch bei Schwellung mit Entzündung der Lymphknoten und Stränge.

Ringelblumen-Tinktur eignet sich zur Behandlung offener Wunden und zu Spülungen bei Zahnfleischentzündungen. Zu Verbänden nimmt man einen Teelöffel der Tinktur auf einen Viertelliter abgekochten Wassers.

Kunigundenkraut

Äußerlich bei schlecht heilenden, infizierten Wunden, dazu innerlich zur Stärkung der Abwehrkräfte.

II. Allgemeines zum Thema Alkohol

Die Arten von Alkohol

Wir haben bis jetzt immer nur von Alkohol gesprochen. Aus chemischer Sicht ist Alkohol jedoch der Sammelbegriff für Substanzen, die in ihrer Strukturformel eine »OH«-Gruppe aufweisen. Hier sind die für uns wichtigsten angeführt.

Der Ethylalkohol

(Ethanol oder Trinkalkohol), chemische Formel: $CH_3–CH_2–OH$, Siedepunkt: 78,5 °C. In angemessenen Mengen und richtiger Verdünnung mit Wasser ist diese Art von Alkohol für den Genuß unbedenklich, führt allerdings bei Mißbrauch zu den bekannten Problemen.

Die Entstehung des Trinkalkoholes: Der Ethylalkohol entsteht bei der Gärung eines Fruchtsaftes, der Maische oder dem Most, wobei der in jeder Frucht enthaltene Fruchtzucker durch Hefepilze in Ethylalkohol und gasförmiges Kohlendioxid umgesetzt wird. Ist der Fruchtzucker aufgebraucht, kommt der Gärungsprozeß zum Stillstand. Bei Weintrauben führt der natürliche Fruchtzucker zu einem Alkoholgehalt von etwa 11 %vol. Bei einem trockenen Wein wurde der Fruchtzucker praktisch zur Gänze in Alkohol umgewandelt.

Der Methylalkohol

(Methanol, im Volksmund auch Holzschnaps oder Holzgeist genannt), chemische Formel: CH_3–OH, Siedepunkt 64,7 °C.

Die Einnahme von Methylalkohol ist gesundheitsschädlich, sie kann zu Erblindung, bleibenden Gehirnschäden und sogar zum Tod führen. Methylalkohol wird bei jedem Gärvorgang einer Fruchtmaische gebildet und entsteht durch Nebengärungen von anderen Gärstämmen infolge von Verunreinigungen, wie faulem, schimmeligem Obst oder durch Blatt- und Astteile. Dadurch erklärt sich, warum guter und wohlschmeckender Schnaps nur aus einwandfreien Grundprodukten entstehen kann.

Methanol kann nur destillativ von Ethanol getrennt werden; mehr davon später im Kapitel »Das Brennen von alkoholhaltigen Flüssigkeiten«.

Volumprozente %vol, Vol% oder v%

Das spezifische Gewicht von Alkohol ist 0,8 kg/l. Das heißt, Alkohol ist um etwa 20% leichter als Wasser. 1 kg reiner Alkohol hat also ein Volumen von 1,25 Liter. Einfacherweise gibt man in der Praxis den Anteil des Alkohols in einer Alkohol-Wasser-Mischung nicht in Gewichtsprozenten (das wäre zwar physikalisch richtiger), sondern in Volumprozenten %vol, Vol% oder v% an.

Beispiel: Ein Liter 43%iger Whisky (43 %vol) enthält laut Etikett 0,43 Liter reinen Alkohol. Das entspricht 37,6 gew% (Gewichtsprozent oder Massenprozent) an Alkohol im Whisky.

Die Alkoholgradmessung bei niedrigem Alkoholgehalt (Weinstärke), das Vinometer

Apfelwein, Fruchtwein oder »normaler« Traubenwein haben je nach Fruchtart eine Alkoholstärke, welche aus der natürlichen Gärung des in der Frucht enthaltenen Fruchtzuckers entstanden ist; in der Regel zwischen 2 bis 13 %vol. Den höchsten Alkoholgrad bei den Weinen hat Sherry- oder Portwein mit etwa 16 %vol.

Wenn eine Maische sich im Gärungsprozeß befindet, wird ständig Alkohol produziert. Wir möchten bei einer Kontrolle nun wissen, wie hoch der jeweilige Alkoholgrad ist. Das heißt, wir müssen ihn messen.

Die Alkoholgrad-Bestimmung kann mit komplizierten technischen Instrumenten oder einem ganz einfachen Gerät, dem Vinometer durchgeführt werden. Bei dieser Alkoholgrad-Bestimmungsmethode bedient man sich eines kleinen Glasröhrchens mit einer sehr engen Kapillare, an der außen eine Skala in %vol angebracht ist.

Der Alkohol in Getränken ist »dünnflüssiger« als Wasser oder zuckerhaltige Flüssigkeiten; demzufolge ist auch das Anhaftungsvermögen (Adhäsionskraft) in der Kapillare geringer. Der Flüssigkeitsfaden sinkt also um so tiefer ab, je höher der Alkoholgehalt der Testflüssigkeit ist. Die Temperatur der zu messenden Flüssigkeit sollte 20 °C betragen. Das Vinometer ist in Geschäften für Hobbyweinhersteller erhältlich und funktioniert für unsere Bedürfnisse ausreichend genau. Außerdem ist es relativ einfach zu handhaben. Der Kaufpreis beträgt etwa 15 Euro.

Die Messung mit dem Vinometer

Zuerst wird das Vinometer mit dem Prüfling gefüllt und gewartet, bis die Kapillare zu tropfen beginnt. Auf Blasenfreiheit achten!

Dann wird das Vinometer um 180° von oben nach unten gedreht, der Finger gibt die Kapillare frei, die Flüssigkeit sinkt nach unten, bei Stillstand wird abgelesen.

einfüllen

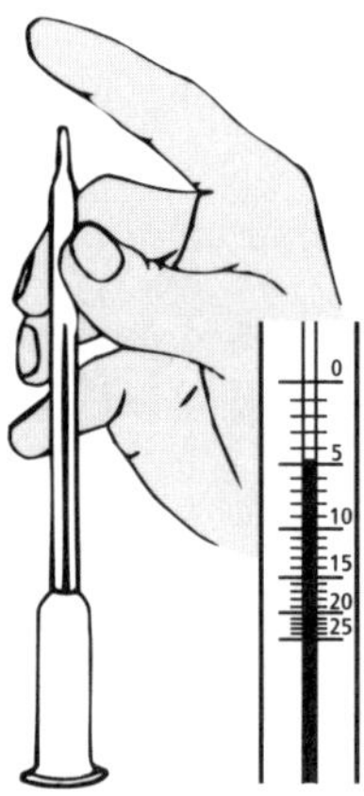

ablesen

- Die zu messende Flüssigkeit sollte möglichst wenig Zucker enthalten und darf vorwiegend nur aus Alkohol und Wasser bestehen. Zucker beeinflußt und verfälscht die Messung.
- Die zu messende Flüssigkeit muß gut filtriert sein (ein Kaffeefilter genügt), damit die Meßkapillare nicht verstopft wird.

Die Alkoholgradmessung bei hohem Alkoholgehalt (Schnapsstärke)

Zur Bestimmung des Alkoholgehaltes einer Alkohol-Wasser-Mischung (z.B. Schnaps, Branntwein usw.) bedient man sich eines Alkoholmeters, dem Aräometer (Alkoholgradmeßgerät, Alkoholspindel). Die zu prüfende Mischung darf nur aus Alkohol und Wasser bestehen, da jede andere Beimengung (z.B. Zucker) das Resultat verfälscht. Eine Ausnahme sind die Geschmacks- und Geruchsstoffe, weil diese nur in Spuren vorhanden sind und damit vernachlässigt werden können. Mit dem Alkoholmesser wird das spezifische Gewicht der Alkohol-Wasser-Mischung gemessen. Wasser hat bei 4 °C das spezifische Gewicht von 1,0 g/cm^3 und reiner Alkohol von 0,8 g/cm^3, dieser ist somit um 20 % leichter als Wasser. Das Aräometer sinkt also um so tiefer ein, je höher der Alkoholgehalt der zu messenden Flüssigkeit ist. Die Skala ist der Einfachheit halber bereits in Volumprozenten (%vol) des Alkoholgehaltes geeicht, so daß man den Alkoholgehalt der Testflüssigkeit direkt ablesen kann. Dies gilt aber nur bei 20 °C, da die Skala bei dieser Temperatur kalibriert wurde. Bei anderen Temperaturen muß die Ablesung entsprechend korrigiert werden. Es gibt daher auch Alkoholmeter mit eingebautem Thermometer. Diese haben zusätzlich im unteren Teil der Spindel eine Tabelle, mit Hilfe derer eine etwaige Korrektur der Messung bei anderen Meßtemperaturen als der der Eichtemperatur berücksichtigt werden kann. Alkoholmeter erhält man in Geschäften für Kellereibedarf oder in Verkaufsläden von ländlichen Agrargenossenschaften.

Die Alkoholgehalts-Meßmethode gilt nur für reine Alkohol-Wasser-Gemische, wobei Duft- und Aromastoffe nicht ins Gewicht fallen, da diese in der Regel nur in Spuren vorhanden sind.

Der Meßzylinder (Mensur) wird zu etwa ¾ mit der zu messenden Flüssigkeit gefüllt. Nun taucht man langsam den Alkoholmeter ein (nicht hineinfallen lassen – Glas!). Die Ablesung erfolgt nach Erreichen der Gleichgewichtslage. Um Ablesefehler zu vermeiden, muß das Auge in etwa der Höhe des Flüssigkeitsspiegels (knapp unterhalb) sein; von hier liest man den Alkoholgrad an der Meßskala ab. Eine Seitenberührung der Meßspindel mit dem Glaszylinder verfälscht die Messung.

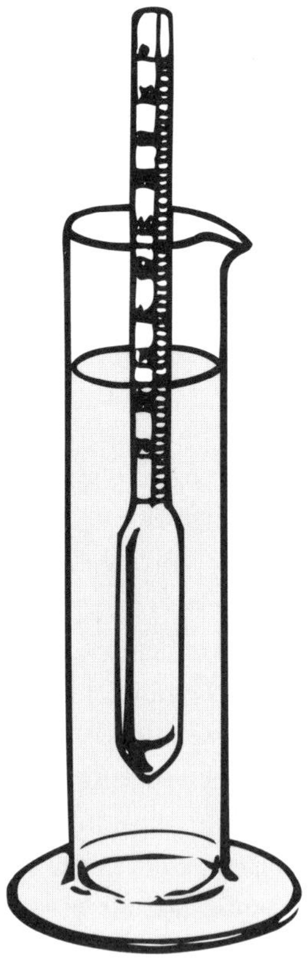

Das Verdünnen von Alkohol auf Trinkstärke

Hochprozentiger Alkohol wie z.B. Weingeist oder ein selbstgebranntes Destillat ist zum Genuß viel zu stark und muß daher auf Trinkstärke herunterverdünnt werden. Zunächst einmal müssen wir die Alkoholstärke unseres Destillates mit dem Aräometer bestimmen. Wenn ein geeignetes hohes Gefäß vorhanden ist, ist das ganz einfach. Man füllt das Glas mit dem zu verdünnenden Schnaps und gibt vorsichtig den Alkoholmesser dazu. Der Flüssigkeitsstand muß so hoch sein, daß die Meßspindel frei schwimmt. Jetzt füllen wir langsam destilliertes Wasser dazu, während gleichzeitig der Alkoholgrad an der Spindel des Aräometers abgelesen wird. Wenn der gewünschte Alkoholgrad erreicht ist, sind wir fertig. Die Temperaturen der Flüssigkeiten beim Mischen sollten wir noch beachten. Die Alkoholspindel ist nämlich, wie schon oben erwähnt, auf 20 °C geeicht. Wenn also die Temperaturen zu stark abweichen, stellt man den falschen Wert ein, und der fertige Schnaps ist entweder zu stark oder zu schwach.

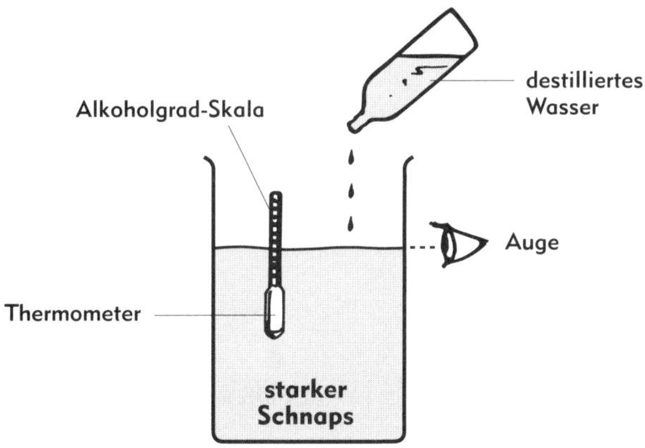

Hat man kein geeignet hohes Glas zum Mischen zur Verfügung und ist nur eine geringe Menge gebrannter Alkohol zum Verdünnen vorhanden, dann mißt man den Alkoholgrad am besten in einem schmalen hohen Glas, einer Mensur, in welchem der Alkoholgradmesser gerade Platz hat. Allerdings muß, wie schon oben erwähnt, darauf geachtet werden, daß der Alkoholmesser frei schwimmt und nicht den Rand berührt.

Die Verdünnungsformel

Sind der Alkoholgehalt und das Volumen bereits bekannt, kann mittels folgender Formel die zuzugebende Wassermenge für das Verdünnen auf die gewünschte Trinkstärke berechnet werden.

Verdünnungsformel:

$$W = M \times \left(\frac{A - B}{B} \right)$$

Dabei ist:
A der Alkoholgrad in %vol des zu verdünnenden Schnapses
B der gewünschte Alkoholgrad in %vol
M die Menge des zu verdünnenden Schnapses in Liter
W die Menge des zuzufügenden destillierten Wassers, um den gewünschten Alkoholgrad zu erreichen, in Liter

Ein Beispiel: Wir haben 2,5 Liter Schnaps mit einem in der Mensur gemessenen Alkoholgrad von 63 %vol und wollen diesen auf 42 %vol herunterverdünnen.

Frage: Wieviel destilliertes Wasser müssen wir beigeben?

A = 63 %vol
B = 42 %vol
M = 2,5 Liter
eingesetzt in die Verdünnungsformel ergibt:

$$W = M \times \left(\frac{A - B}{B} \right) = 2{,}5 \times \left(\frac{63 - 42}{42} \right) = 1{,}25 \text{ Liter destilliertes Wasser}$$

Das heißt, wir müssen 1,25 Liter destilliertes Wasser mit 2,5 Liter unseres Schnapses von 63 %vol zusammenmischen und erhalten somit 3,75 Liter Schnaps mit einer Trinkstärke von 42 %vol.

Die optimale Trinkstärke – das ist jener Alkoholgehalt, bei dem die Fruchtaromen am deutlichsten hervortreten und bei dem der Obst- oder Weinbrand am elegantesten und nicht scharf schmeckt – liegt zwischen 39 und 42 %vol Alkohol. Ich empfehle eher 39 %vol.

Die Kontraktion

Wenn Alkohol und Wasser miteinander vermischt werden, so ist das Volumen der Mischung geringer als die Summe der beiden Einzelvolumina. Diese Erscheinung wird Kontraktion genannt. Die Kontraktion ist am größten, wenn gleiche Teile Alkohol und Wasser miteinander vermischt werden. Daher stimmt unsere Verdünnungsformel nicht ganz genau, reicht aber für unsere Zwecke völlig aus. Will man sehr genau zusammenmischen, sind fertige Mischungstabellen aus Fachbüchern oder amtlich geeichte EU-Präzisions-Alkoholmeter mit einem möglichst kleinen Alkoholmeßbereich zu verwenden, welche den Effekt der Kontraktion berücksichtigen.

Verdünnen mit Leitungswasser

Mit Leitungswasser kann man den Schnaps natürlich ebenfalls verdünnen, dann besteht aber die Gefahr, daß die Mischung wegen der in jedem Leitungswasser vorhandenen Inhaltsstoffe, wie z.B. gelöstes Calcium und Magnesium, Salze etc., trübe wird oder Ausflockungen auftreten. Das kann vor allem dann passieren, wenn die beiden Mischflüssigkeiten unterschiedliche Temperaturen haben. Der Geschmack wird damit nicht verändert, aber das Ergebnis ist unschön und muß filtriert werden. In manchen Großstädten ist das Stadtwasser zur Desinfektion mit chemischen Beimengungen versetzt, welche am Geschmack erkennbar sind. Dieses Leitungswasser sollte daher zur Schnapsverdünnung nicht verwendet werden. Die Verwendung von Mineralwasser zum Verdünnen ist ebenfalls nicht zu empfehlen, da die mineralischen Inhaltsstoffe Ausfällungen verursachen und den Geschmack beeinflussen können.

III. Allgemeines zum Thema Maische

Das Vorbereiten der Früchte: Was ist Obst?

Wichtigste Voraussetzung für das Herstellen eines qualitativ hochwertigen Schnapses ist die gute Qualität des Rohstoffes. Schmutziges, faules, schimmeliges und minderwertiges Obst darf nicht verwendet werden. Dieses ist stark mit den unterschiedlichsten Mikroorganismen behaftet, die teilweise schon im Obst selbst zur Bildung von geschmacklich negativen Substanzen führen. Eine reintönige Gärung ist mit solchen Rohstoffen nicht möglich.

Woraus bestehen eigentlich Obst, Beeren oder Wurzeln?

Obst beinhaltet, grob eingeteilt, drei verschiedene Stoffe: Wasser, wasserunlösliche Bestandteile, wasserlösliche Bestandteile.

Die wasserlöslichen Bestandteile sind für uns zum Schnapsbrennen interessant und betragen je nach Obstsorte etwa zehn bis zwanzig Prozent des Gesamtgewichtes. Sie enthalten im wesentlichen Kohlenhydrate (Zucker), Fruchtsäuren, Eiweiße und eiweißhaltige Substanzen, phenolische Stoffe, Vitamine und Mineralstoffe, Aromastoffe.

Die festen, wasserunlöslichen Stoffe verbleiben beim Brennen in der sogenannten Schlempe, auch Kochsumpf genannt (das ist der zurückbleibende Teil im Brennkessel). Sie beeinflussen jedoch den Geschmack des Destillates. Aus Blättern, Stielen und Kernen werden nämlich, unterstützt durch die Alkoholverdampfung, flüchtige Stoffe (z.B. Hexanol) ausgelöst (extrahiert). Diese Stoffe gehen in das Destillat über und beeinflussen somit den Geschmack zu seinem Nachteil.

Die anzusetzenden Früchte oder Beeren müssen vor der Einmaischung gewaschen und von Stengeln, Blättern und kleinen Tieren befreit werden. Dann sortieren wir alles, wobei angefaulte oder schimmelige Teile ausgeschnitten oder die betroffenen Früchte gleich ganz weggeworfen werden, um Methanolgärungen zu vermeiden. Man sollte möglichst vollreifes, schon etwas teigig gewordenes Rohmaterial verwenden. Zugegeben, hier ist die Entscheidung, was noch zu verwenden ist, oft nicht ganz einfach. Im Zweifel hilft immer ein ganz empfindliches Meßgerät, nämlich unsere Nase.

Der in den Früchten und Wurzeln vorhandene Frucht- und Traubenzucker ist in deren Zellen gespeichert. Die beigefügte Hefe muß den Zucker in Alkohol umwandeln. Damit der Frucht- und Traubenzucker freigelegt wird, müssen die Zellwände teilweise aufgerissen werden. Der weitere Abbau samt Aufschließung der Zellen erfolgt dann während der Gärung durch die Hefe selbst. Damit die Inhaltsstoffe des nun sauberen Rohmaterials für die Hefen verfügbar werden, müssen die Zellen durch mechanische Zerkleinerung der Früchte zerstört werden. Wichtig ist, daß die Rohstoffe nicht zu Mus zermahlen werden, weil dabei Kerne und Steine zu stark beschädigt würden. Vielmehr sollte das Obst vorsichtig gequetscht und zerkleinert werden. Steine und Kerne sollten möglichst ganz bleiben, um Fehltöne durch zu starkes Herauslösen steintypischer Inhaltsstoffe zu vermeiden. Ein solcher Inhaltsstoff ist das Amygdalin, das von fruchteigenen Enzymen unter anderen in Blausäure und Benzaldehyd umgewandelt wird. Bei erhöhten Konzentrationen erhält man dadurch den bei Steinobstbränden typischen Bittermandelgeschmack. Beim Einmaischen sollte der Anteil der geschädigten Steine unter fünf Prozent liegen. Vor dem Brennen werden die Kerne wegfiltriert und können somit nicht ausgekocht werden. Wenn überhaupt keine Steine beschädigt werden, fehlt der Bittermandelgeschmack ganz, und der fertige Schnaps erhält das sortentypische Aroma unserer angesetzten Frucht, also ein prachtvolles Fruchtbukett.

Zum Zerkleinern oder Zermatschen von weichen Beeren oder Früchten bedienen wir uns einer uralten Methode: Wir nehmen eine Wanne mit ebenem Boden, schütten das gereinigte Rohmaterial hinein, waschen unsere Füße und tanzen auf den Früchten barfuß etwa zehn Minuten lang eine feurige Polka. Bei festeren Früchten wie z.B. Äpfeln oder Birnen zerschneiden wir die Früchte zuerst in kleine Stücke und tun dann das gleiche. Man kann dazu auch saubere Gummistiefel mit groben Profil verwenden, wenn einen die Urmethode zu sehr kitzelt. Natürlich gibt es für diesen Arbeitsgang auch ein Gerät (eine Obstmühle), das man kaufen kann. Im Handel sind mechanische oder elektrische Obstmühlen erhältlich. Genausogut kann man auch einen sauberen Gartenhäcksler verwenden.

Eine handbetriebene Obstmühle zum Zerkleinern von Früchten

Unbedingt beachten beim Einmaischen und Schnapsbrennen:

Für den sortenreinen Ansatz und um Methanolgärungen zu vermeiden:

- Größtmögliche Sauberkeit, keine faulen, schimmeligen oder gar schmutzigen Früchte einmaischen.
- Alle »nichtobstigen« Elemente wie Äste oder Blätter entfernen.
- Vollreifes Obst verwenden.
- Die Früchte vorsichtig zerkleinern.
- Der Anteil zerstörter Kerne darf nicht mehr als 5 Prozent betragen.
- Zerbrechen Sie keine Kerne (z.B. bei Zwetschgen). Die Kerne enthalten geringe Mengen an hochtoxischer Blausäure (genauer cyanhaltige Glykoside wie Amygdalin, die kleinere Blausäuremengen abspalten können, welche einen Bittermandelgeschmack entwickeln).
- Keine sauren oder umgekippten Weine bzw. Apfelweine dem Maischeansatz hinzufügen oder später zum Brennen verwenden.

Die Alkoholgärung aus Zucker

Die alkoholische Gärung ist das wichtigste Stadium im Werdegang eines alkoholischen Getränkes. Sie ist die Umsetzung von Zucker durch Hefezellen bzw. ihrer Enzyme in Alkohol (Ethylalkohol) und Kohlendioxid. Darüber hinaus entsteht eine Reihe von teils willkommenen, teils unerwünschten Nebenprodukten.

Die drei für uns wichtigsten Zuckerarten sind:
Glucose (Traubenzucker)
Fructose (Fruchtzucker)
Saccharose (Rüben- oder Rohrzucker)

Trauben- und Fruchtzucker bezeichnet man auch als Einfachzucker oder Monosaccharide, sie sind durch Hefen direkt vergärbar und kommen in natürlicher Form in den Früchten, Beeren oder Trauben vor. Rüben- oder Rohrzucker sind Zweifachzucker oder Disacharide und können im sauren Milieu ebenfalls vergoren werden, aber davon später, wenn die Herstellung von hochprozentigen Maischen mit Zuckerzusatz besprochen wird.

Die Gärungsgleichung

Man kann den Gärprozeß vereinfacht mit Hilfe der Gärungsgleichung darstellen:

$$C_6H_{12}O_6 \xrightarrow{\text{Hefe}} 2\ C_2H_5OH + 2\ CO_2 + 100\ \text{Joule}$$

Fructose (Fruchtzucker) —Hefe→ Ethanol (Trinkalkohol) + Kohlenstoffdioxid (Kellergas) + Wärme

$$1000\,g \xrightarrow{\text{Hefe}} 511\,g + 489\,g + 555\ \text{Joule}$$

Das heißt: Aus 1 Kilogramm Zucker entsteht etwa ½ Kilogramm reiner Alkohol und etwa ½ Kilogramm Kohlendioxid (Kohlensäuregas, Kellergas); die Maische erwärmt sich leicht.

Der Sherryhefezusatz

Unkonserviert fangen Obstmaischen und -säfte früher oder später an zu gären. Der Grund sind die mikroskopisch kleinen, einzelligen Hefen, deren Durchmesser wenige Tausendstel mm betragen. Taxometrisch den Pilzen zugehörig, sind sie in der Lage, unter Luftausschluß Zuckerarten wie Glucose oder Fructose in Ethylalkohol und Kohlendioxid umzuwandeln (Gärungsgleichung). Als Gärungsnebenprodukte entstehen eine Anzahl weiterer mehr oder weniger erwünschte Substanzen wie Glyzerin, Essigsäure Bernsteinsäure oder höhere Alkohole (Fuselöle). Wie andere Mikroorganismen haften auch »wilde Hefen« am Rohmaterial. Da sie sich rasch vermehren, kann es zu Spontangärungen kommen. Wilde Hefen sind ein Risiko, weil sie ein geringes Ethylalkohol-Bildungsvermögen haben, um so mehr, als dabei auch mit einem erhöhten Gehalt von Gärungsnebenprodukten wie Essigsäure und Fuselölen zu rechnen ist. Hinzu kommt, daß wilde Hefen wenig temperaturbeständig sind, was bei kaltem Wetter zu Gärstockungen führen kann. Daher ist es für eine risikolose Gärführung zwingend notwendig, die Vergärung von Obst- oder Beerenmaischen mit einer geeigneten Reinzuchthefe einzuleiten. Wichtig ist, daß man die Reinzuchthefe vor dem Einsetzen einer Spontangärung zugibt; ein Reinhefezusatz in eine bereits mit wilden Hefen angelaufene Gärung ist zwecklos. Die erste Voraussetzung für einen einwandfreien Gärverlauf ist nach wie vor durch das Rohmaterial selbst gegeben.

Leider hört trotz genügender Zuckerbeigabe der Gärprozeß bei einer bestimmten Alkoholstärke auf, weil der Alkoholgehalt der Maische schon so stark geworden ist, daß die Hefezellen absterben. Es hängt von der Art der verwendeten Hefe ab, wie hoch man gären kann. Der höchste Alkoholprozentsatz, der durch natürliche Gärung entsteht, ist der des Sherry- oder Portweines. Guter Sherry hat einen Alkoholgehalt von etwa 16 vol%, das heißt, die Gärhefezellen im Sherry schaffen es bis 16 vol% Alkoholgehalt, bevor sie durch den Alkohol abgetötet werden. Diese Tatsache wollen wir für unsere Maischeherstellung nützen und mit Sherryreinzuchthefe einen Alkoholgehalt von etwa 16 vol% im ausgegorenen Zustand erreichen.

Diese hochgradige Maische mit Zuckerzusatz (wie später im Kapitel »Die hochgradige Maische« beschrieben) hat einen ganz entscheidenden Vorteil: Wir gären die Früchte mit dem zerkleinerten Fruchtanteil bis auf eine Fruchtweinstärke von etwa 16 vol% hoch (die Maische ist dann ganz dünnflüssig) und filtrieren sie dann vor dem Brennen ab. Damit gibt es keine Geschmacksbeeinflussung mehr durch Schalen oder Kerne. Außerdem können wir dann einen einfachen Brennkessel ohne Wasserbad verwenden. Der filtrierte Fruchtwein kann auch in Flaschen abgefüllt und als Wein genossen werden, aber davon später mehr.

Sherryhefe ist in getrockneter Form in Papierheftchen oder in flüssiger Form erhältlich. Der Flüssighefe ist der Vorzug zu geben, da sie nicht angeweicht werden muß und sofort einsatzfähig ist. Gärhefen sind in jedem Geschäft für Kellereibedarf sowie in Drogerien oder Apotheken erhältlich. In Kellereibedarfgeschäften können Reinzuchthefen von fast allen bekannten Weinsorten gekauft werden. Bei mir haben sich vor allem Reinzuchthefen der deutschen Hersteller Kitzinger und Vierka bewährt. Die Fläschchen sind vom Hersteller mit einem Schutzgas aufgefüllt, welches beim Öffnen derselben entweicht. Die geöffneten Fläschchen sollten daher bei längerer Lagerzeit im Kühlschrank aufbewahrt werden.

Der Säuregehalt oder pH-Wert

ph-Wert-Skala

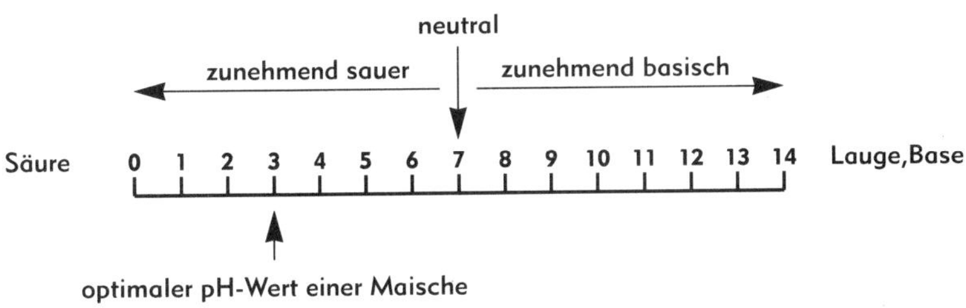

Die Säuregrade werden auf der pH-Wert-Skala abgelesen.
Der pH-Wert einer Lösung gibt an, ob sie:
sauer (pH-Bereich 0 bis 7),
neutral (pH-Wert 7) oder
basisch (pH-Bereich 7 bis 14) ist.

Der pH-Wert ist ein Maß für die Säure- bzw. Basenstärke. Je stärker eine Säure ist, desto niedriger ist ihr pH-Wert. Je stärker eine Lauge (Base) ist, desto höher ist ihr pH-Wert.

Neutrales, destilliertes Wasser hat einen pH-Wert von 7.

Leitungswasser liegt je nach Kalk- oder Kohlensäuregehalt im pH-Bereich von 6,5 bis 9,5.

Der pH-Wert einer Obstmaische sollte zur Vermeidung bakterieller Infektionen bei etwa 3 liegen. Kleinere pH-Werte behindern die Wirksamkeit der obsteigenen oder zugesetzten Enzyme.

Die Bestimmung des pH-Wertes in der Obstmaische ist auf verschiedene Weise möglich. Die einfachste ist sicherlich die Bestimmung mittels Indikatorpapier oder Indikatorstäbchen. Deren Wirkungsweise beruht darauf, daß sie mit einem Farbstoff (Indikator) getränkt wurden, der seine Farbe in Abhängigkeit vom pH-Wert der Lösung ändert. Die Bestimmung wird durchgeführt, indem man einen Indikatorpapierstreifen kurz in die Maische eintaucht. Dann wird die Farbänderung des Streifchens mit einer auf der Packung befindlichen Farbskala verglichen und damit der pH-Wert abgelesen.

Zur Vollständigkeit soll noch angemerkt sein, daß die Messung des pH-Wertes auch mit sehr genauen elektronischen Meßgeräten vorgenommen werden kann, welche heute gar nicht mehr so teuer sind (Kostenpunkt etwa 35 Euro). Die Wartung der zugehörigen pH-Elektroden ist jedoch mit einigem Aufwand bzw. Spezialwissen verbunden. Die Genauigkeit der Teststreifenmethode reicht für unsere Zwecke völlig aus.

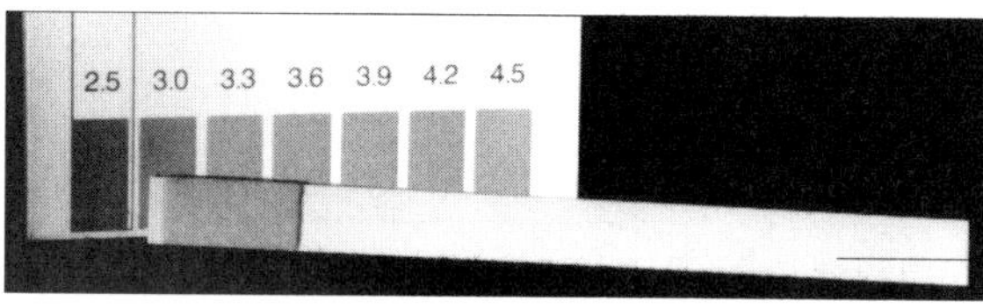

benetztes Indikatorstäbchen

Die Einhaltung eines pH-Wertes von etwa 3 während der gesamten Gärperiode einer Obstmaische ist sehr wichtig. Eine Nebengärung und damit ein unangenehmer Geschmackston entwickelt sich schneller, als man denkt.

Die Vergärung im sauren Milieu

Der Gärungsprozeß einer Maische sollte aus zwei Gründen im sogenanntem »sauren Milieu« stattfinden.

1. Fehlgärung

Infolge Maischeinfektion und fehlendem Säureschutz können sich unerwünschte Hefe- und Bakterienarten stark vermehren; es kommt zur Fehlgärung. Darunter versteht man im weitesten Sinne alle durch Mikroorganismen hervorgerufenen unerwünschten Veränderungen in Maischen. Dabei kann es sich um Zersetzungen sowohl von Zuckerarten als auch von Gärungsprodukten handeln. Neben dem Umstand, daß Fehlgärungen Ausbeuteverluste zur Folge haben können, wirken sich die dabei entstehenden Substanzen in geruchlicher und geschmacklicher Hinsicht meist negativ auf die Maischen und die daraus gewonnenen Destillate aus. Hat ein Destillat einmal einen unangenehmen Nebengeschmack angenommen, so kann dieser als isolierter Geschmack praktisch nicht mehr abgetrennt werden, und unsere Arbeit war umsonst.

Säurearme Maischen, wie z.B. solche aus Williamsbirnen, sollten deshalb, wie alle Maischen, unter Säureschutz vergoren werden. Der Gärprozeß wird dann durch Säurezusatz im sogenannten sauren Milieu durchgeführt.

2. Vergärung des zugesetzten Kristallzuckers (bei Maischen mit Zuckerzusatz)

Der Kristallzucker wird aus der Zuckerrübe gewonnen, ist also die Saccharose (Rüben- oder Rohrzucker). Saccharose ist ein Disaccharid, d.h. Zweifachzucker. Er muß durch Einwirkung von in der Hefe enthaltenen Enzymen in den Einfachzucker Glucose aufgespalten werden, um vergärbar zu sein. Dieser auch Inversion genannte Vorgang läuft während der Gärung im sauren Milieu ab, so daß der Restzuckergehalt vergorener Maische praktisch nur noch aus Glucose und Fructose (ebenfalls ein Einfachzucker) besteht. Die Summe aus Glucose, Fructose und Saccharose, d.h. der Gesamtzuckergehalt, ist ausschlaggebend für die spätere Alkoholausbeute.

Der Säurezusatz

Als Säurezusätze haben sich in der Praxis vor allem Zitronen- oder Milchsäure bewährt.

Die Milchsäure (80 %, flüssig, lebensmittelecht) hat gegenüber der Zitronensäure den Vorteil, daß sie in der Maische oder dem Wein nicht mehr abgebaut wird, die zugegebene Säuremenge also nicht wieder verlorengeht. Die Zitronensäure in Pulverform (trocken) hat andererseits den Vorteil, daß sie praktisch in jedem Lebensmittelgeschäft erhältlich ist, wohingegen die Milchsäure im Chemiefachhandel erstanden werden muß.

Die Zugabe von z.B. Milchsäure dient also zur Einstellung des Säuregehaltes auf den erforderlichen Wert. Die Milchsäure wird vor der Gärung zugegeben, um die Haltbarkeit der Maische zu erhöhen und um einen frischeren Geschmack zu erzielen. Besonders der säurearme Apfel- oder Birnenmost wird sonst leicht zäh und schleimig.

Ungefähre Menge der Säurezugabe, um einen Anfangs-pH-Wert der Maische von 3 zu erreichen:

Apfel-, Birnenwein 6–8 g/l
Fruchtwein 8–10 g/l
Beerenwein 8–10 g/l

Die nachstehende Dosierungstabelle dient zur Einstellung des Säuregehaltes auf die erforderlichen Anfangswerte. Der pH-Wert sollte aber mit Indikatorpapier überprüft werden.

Dosierungstabelle

Säureerhöhung der Maische um 1 g/l	
Maischemenge in Liter	Milchsäurezugabe in Gramm
5	6
10	12
20	25
30	37
40	50
50	62
100	125

Beispiel: 50 Liter Himbeermaische sollen auf den erforderlichen Anfangssäurewert gebracht werden. Wieviel Milchsäure muß zugesetzt werden?
Für einen pH-Wert von 3 ist für Beerenmaische laut Aufstellung ein Anfangssäurewert von 8–10 g/l notwendig, wir wählen 9.
Laut Dosierungstabelle ist für 50 Liter Maische ein Zusatz von 62 g Milchsäure (80 %) erforderlich, um den Säurewert der Maische um 1 g/l zu erhöhen.
Wir brauchen für unsere Beerenmaische aber 9 g/l.
Der notwendige Milchsäurezusatz ist: 9 × 62 = 558 Gramm oder 0,558 Kilogramm. Dies ergibt somit etwa 0,56 Liter bei der flüssigen 80%igen Milchsäure.

Nach dem Säurezusatz und gründlichem Durchmischen erfolgt die Kontrolle mit dem Indikatorpapier oder Indikatorstäbchen, gegebenenfalls ist nachzukorrigieren.

Der Gärstarter

Wird Zuckerwasser mit Zitronen- oder Orangensaft sowie Gärhefe und ein wenig der anzusetzenden Frucht vermengt (Rezept siehe unten), beginnt diese Mischung nach spätestens zwei Tagen zu gären, und der Zucker wird in Alkohol und Kohlendioxidgas umgesetzt. Das funktioniert prächtig; man muß nur dafür sorgen, daß das Gärgefäß an einem warmen Ort mit Raumtemperaturen zwischen 20 und 25 °C steht. Tiefere oder höhere Temperaturen sind nicht zu empfehlen. Das Gefäß ist nicht zu verschließen, sondern mit einem Tuch abzudecken. Nach vier bis fünf Tagen, wenn die stürmische Gärung eingesetzt hat, beginnt die Flüssigkeit zu schäumen. Die Hefezellen sind jetzt in voller Aktion, vermehren sich lawinenartig, vertilgen den Zucker und produzieren Alkohol.

Die stürmisch gärende Flüssigkeit wird jetzt als Gärstarter für die Fruchtmaische im großen Maischeansatz verwendet. Damit ist sichergestellt, daß die Fruchtmaische sofort mit dem von uns gewollten und gewünschten Hefegärstamm losgärt. Dieses »Dopen« der Fruchtmaische ist sehr wichtig, weil sich Gärhefezellen schlagartig vermehren, wenn sie auf Zucker losgelassen werden. Derjenige Hefestamm, welcher als erster das Rennen macht, dominiert und bestimmt das spätere Ergebnis. Zum »Dopen« einer frisch angesetzten Fruchtmaische nimmt man etwa 10 % des Gesamtvolumens an

Gärstarter (z.B. bei 50 l frischer Fruchtmaische setzt man 5 l stürmisch gärenden Gärstarter zu).

Wenn man ganz auf Nummer Sicher gehen will und keine Fehlgärungen riskieren möchte, kann man die Fruchtmaische vor dem Gärstarterzusatz auf etwa 80 °C erhitzen (pasteurisieren), um alle unerwünschten Mikroorganismen abzutöten. Nach dem Abkühlen auf etwa 30 °C wird der Gärstarter zugesetzt, und die Gärung der Hauptmaische beginnt mit dem von uns gewollten Hefestamm.

Rezept für einen Gärstarter:

- **2 Liter lauwarmes Leitungswasser**
- **Saft von fünf Orangen**
- **Saft von drei Zitronen**
- **300 g Zucker**
- **10 g trockene Sherryhefe oder 1 ml flüssige Sherryhefe**
- **1 kg zerkleinerte Früchte der anzusetzenden Frucht**

Die Menge des Gärstarters kann beliebig erhöht werden. Er gärt auch ohne Früchte hoch. Da die charakteristischen Geschmacksstoffe einer Frucht dann fehlen, ist das Ergebnis nach dem Brennen ein ganz ausgezeichneter Wodka.

Hefenährsalz

Zu den Voraussetzungen für einen optimalen Gärverlauf gehört auch die Nährstoffversorgung der Hefen, welche in erster Linie stickstoffhaltige Verbindungen (z.B. Aminosäuren), Phosphorverbindungen und Vitamine zur Vermehrung und Vergärung benötigen. Diese sind nicht in allen Früchten in ausreichenden Mengen vorhanden, so daß das Nährstoffangebot durch Zusatz sogenannter Gärsalze verbessert werden muß, um Gärstockungen und -verzögerungen (insbesondere bei Kern- und Beerenobst) vorzubeugen. Hefenährsalze beschleunigen die erwünschte Gärung und unterbinden die Fuselbildung.

Sehr gut bewährt hat sich das Gärfix der Firma Oestreich Kellereiartikelvertrieb und Laboranalysen GmbH, Deutschland, welche vor allem Gärhilfmittel für die Brennerei vertreibt. Gärfix gibt es jeweils für:

Kernobst,	50 g/100 l Maische
Stein- und Beerenobst,	50 g/100 l Maische sowie
Gärfix Spezial,	75 g/100 l Maische für: Enzian, Vogelbeeren, Schlehen, Hagebutten

Die Enzymzusammensetzungen sind den jeweiligen Früchten angepaßt und in handlichen Aluminiumsäckchen erhältlich. Gärfix ist ein pulverförmiges Präparat für die Obst- und Kernobstbrennerei. Es enthält die zur sicheren An- und Vergärung nötige Menge Reinzuchthefe **und** die zur Verflüssigung der Maische erforderlichen Enzyme. Die eingesetzte Spezialhefe garantiert maximale Ausbeuten bei hervorragender Bukettausbildung. Gärfix wird direkt beim Einmaischen in die Maische eingestreut. Um den in der Maische vorliegenden, für die Verflüssigung optimalen pH-Wert zu erhalten, erfolgt die Zugabe von Säure frühestens einen Tag, spätestens aber vier Tage nach dem Einmaischen. Durch die intensive Kohlendioxidbildung ist die Maische zu Gärbeginn auch ohne die Säurezugabe vor Infektionen geschützt.

Verflüssiger für Enzian, Vogelbeeren, Hagebutten

Verflüssiger, ebenfalls von Oestreich, für trockene Früchte wie Topinambur, Enzian, Vogelbeeren, Hagebutten, Quitten, Mispeln etc. Das ist ein pulverförmiges Enzympräparat, ein Antigeliermittel (der Pektolase), welches durch seine ausgewogene, sorgfältig abgestimmte Enzymmischung eine zügige und sichere Verflüssigung der Früchte bewirkt.

Dosagen: 30–50 ml pro 100 Liter Maische

IV. Die herkömmliche Maische (ohne Zuckerzusatz)

Die normale Frucht- oder Obstmaische entsteht wie folgt: Die Früchte werden gesammelt, gewaschen, zerkleinert (zermatscht), und es erfolgt kein Zuckerzusatz.

Wenn man ganz sicher Fehlgärungen vermeiden will, erhitzt man den Fruchtbrei vorsichtig auf etwa 80 °C, um alle im Fruchtbrei vorhandenen Mikroorganismen abzutöten (zu pasteurisieren), und fügt nach dem Erkalten sofort Reinzuchthefe bzw. den Gärstarter hinzu.

Das Ganze wird in ein Gär- oder Maischefaß gegeben und gut durchgemischt, bis der Ansatz zu schäumen beginnt. Dazu verwendet man am besten

Lebensmittelechte Maischefässer mit Gärspund und Schraubdeckel in verschiedenen Größen.

eine Handbohrmaschine mit aufgesetztem Universalrührstab. Das Faß wird dann verschlossen und ein sogenannter Gärspund (Gärsiphon) auf den Deckel aufgesetzt. Der Aufsatz des Gärspundes erfolgt hauptsächlich deswegen, um Pilze, Bakterien und Mikroorganismen daran zu hindern, in die Maische zu gelangen. Sonst kommt es zu unkontrollierten Fehlgärungen. Außerdem tauchen bei jedem Gärprozeß (wie aus dem Nichts) ganz kleine sogenannte Essigfliegen auf, deren Bakterien den mühsam entstandenen Alkohol in Essig umsetzen. Es entsteht letztendlich der bekannte Essigstich, welcher im späteren Destillat zu schmecken ist. Beim sauren Wein hat sich der Alkohol in Essig verwandelt, dies ist dann schließlich der bekannte Weinessig; aber dessen Herstellung steht jetzt nicht zur Diskussion. Diesen Geschmack erkennt man manchmal bei einem bäuerlichen Selbstgebrannten, da hat dann der Bauer alten, schon etwas sauren Apfel- oder Birnenmost zu seiner Maische dazugegeben, um diesen auch noch zu verwerten. Eine negative Geschmacksänderung ist die logische Konsequenz.

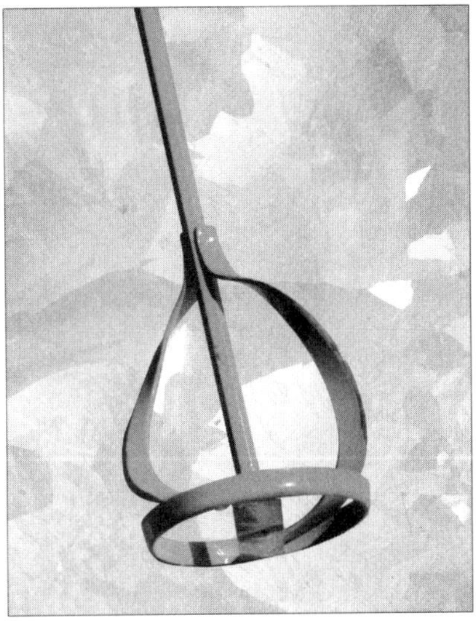

Universalrührstab

Die verwendete Handbohrmaschine muß mindestens eine Nennleistung von 400 Watt besitzen, da sie sonst zu heiß wird. Nach 2–3 Tagen setzt die natürliche Gärung ein, das heißt, es bilden sich lawinenartig immer mehr Hefepilze, welche den Zucker in Ethylalkohol und gasförmiges Kohlendioxid umwandeln. Der Gärprozeß dauert bei einer Raumtemperatur von 20–25 °C etwa zwei Monate. In dieser Zeit wird praktisch der gesamte Fruchtzucker durch die Tätigkeit der fleißigen Hefepilze in Alkohol umgewandelt. Das Ergebnis ist eine äußerst trockene, aber nicht saure Maische (gefiltert: Wein oder Fruchtwein). Ist der gesamte Fruchtzucker vergoren, kommt der Gärprozeß zum Stillstand, weil die Hefepilze keine Nahrung (eben den Zucker) mehr haben.

Gärspund richtig gefüllt

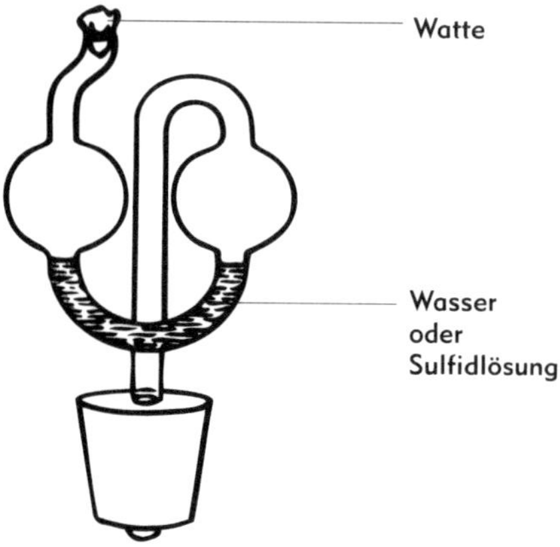

während des Gärprozesses

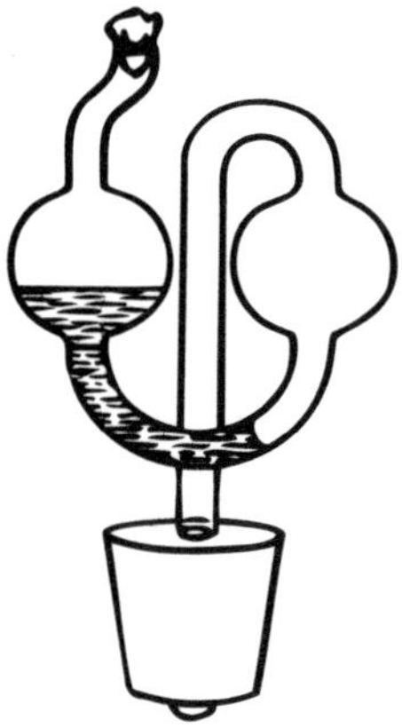

Erreichbare Alkoholgrade herkömmlicher Maischen ohne Zuckerzusatz (in %vol):

- Vogelbeeren 2–3
- Quitten 2–4
- Äpfel/Birnen 5–6
- Kirschen 6–7
- Himbeeren 6–8
- Aprikosen (Marillen) 7–9
- Zwetschgen 8–10
- Weintrauben 11–13

Übersicht über den Ansatz einer herkömmlichen Frucht- oder Beerenmaische:

Was	Warum	Wieviel
Rohmaterial: Früchte, Beeren, Blüten	gibt das Aroma, den Geschmack sowie den Alkoholgehalt aus dem natürlichen Fruchtzucker	je nach Ansatz
Gärstarter	damit von Anfang an der richtige Gärstamm dominiert	~ 1/10 des Volumens der gesamten Maische
oder **Reinzuchthefe** wenn kein Gärstarter zugegeben wird	zur Erreichung eines hohen Alkoholgehaltes im ausgegorenen Zutand	~ 30 ml für 100 Liter Maische
Verflüssiger	verhindert das Gelieren der Maische	~ 30–50 ml für 100 Liter Maische
Hefenährsalz	Nährstoffversorgung der Hefe	~ 50–75 ml für 100 Liter Maische
Säure: nach einem Tag Milchsäure, Zitronensäure	zur Verhinderung von Fehlgärungen	~ 6–10 g/Liter Maische lt. Dosiertabelle

V. Rezepte für Maischen

Grundsätzlich gilt für alle Frucht- oder Beerenmaischen dasselbe Rezept: Nach dem Zerkleinern bzw. »Zermatschen« der Beeren oder Früchte erfolgt der Zusatz der entsprechenden Ingredienzen nach der bereits ausführlich beschriebenen Anleitung. Bei Blütenansätzen (wie z.B. Holunderblüten) füllt man das Maischefaß etwa zur Hälfte mit den Blüten und gießt dann das Faß bis zu ¾ der Höhe mit Wasser auf.

Als Grundstoff für Maischen können nahezu alle eßbaren Früchte oder Beeren mit angenehmem, ausgeprägtem Geschmack verwendet werden. Der Phantasie sind keine Grenzen gesetzt; manche Früchte jedoch, wie z.B. Kiwis, haben einen sehr geringen Eigengeschmack, das Destillat schmeckt daher wie Wodka.

Man sollte auch darauf achten, daß die Ansätze jeweils sortenrein erfolgen, damit der spezifische Geschmack der Frucht im Destillat herauskommt. Ein Obstgemisch sollte vermieden werden, da dann keine Geschmackszuordnungen mehr möglich sind.

Zum Maischen und Schnapsbrennen haben sich folgende Früchte bewährt:

- Äpfel (Vorsicht, geringer Eigengeschmack)
- Speck-, Williams oder Mostbirnen
- Himbeeren
- Vogelbeeren, Eberesche
- Holunderblüten (Hollerblüten)
- Kirschen
- Sauerkirschen, Weichseln, Schattenmorellen
- Quitten (ganz besonders fein)

- Mispeln
- Schwarzbeeren, Blaubeeren, Heidelbeeren
- Schlehdorn
- Pflaumen, Zwetschgen
- Mirabellen
- Weintrauben
- Aprikosen, Marillen
- Brombeeren
- Erdbeeren
- Rote Johannisbeeren (Ribisel)
- Wacholder (gequetscht, plus die doppelte Menge Wasser, plus Apfel- und/oder Birnenmaische)

Hinweise für Spezialbrände

Wacholder, Enzian und Meisterwurz werden oft »nur« als Angesetzte hergestellt und getrunken. Man kann aus ihnen – wie aus anderen Kräutern und Wurzeln aber selbstverständlich auch – einen echten Schnaps herstellen. Doch es gelten einige Besonderheiten. Gewürze (Heilkräuter) und Wurzeln gären ja nicht von allein, sie werden meistens in einer Obstmaische vergoren, und eigentlich sollte man diese Brände fairerweise als »Wacholder in Obstler«, »Meisterwurz in Obstler« und »Enzian in Obstler« bezeichnen.

Wenn die Vergärung von Kräutern, Wurzeln und Gewürzen in Apfelmaische oder in einer anderen Maische erfolgt, sollte das Destillat als »Enzian in Apfelbrand« oder »in Birnenbrand« bezeichnet werden.

Wacholder in Obstler

Man bereitet zuerst eine konzentrierte Wacholdermaische, indem man die zerkleinerten Beeren (durch den Fleischwolf treiben, zerstampfen) in so viel Obstmaische vergärt, wie man für eine Kesselfüllung braucht. Die Wacholderzugabe hängt davon ab, wie kräftig der Wacholdergeschmack im fertigen Destillat sein soll.

Wacholderbrand (»in Obstler«) ist besonders im Herbst vorbeugend gegen Verkühlungsanfälligkeit und bei Frauen während des prämenstruellen

Syndroms und bei schmerzhafter Regel zu empfehlen. Im Alpenland nennt man ihn »Kranebet«. Er wirkt entspannend auf den »unteren Bauch«, aber nur in kleinen Mengen genossen (ein Schnapsgläschen pro Tag). Zuviel Wacholderbrand schadet, sein Genuß ist bei Erkrankungen der Harnwege, Niere und im Unterleib ganz zu vermeiden.

Enzian in Obstler

Zubereitung wie bei Wacholder mit frischen oder getrockneten Wurzeln. Der gelbe Enzian wird heute bereits landwirtschaftlich kultiviert. Der Anbau ist bis in Höhenlagen von 1600 Metern möglich und wird vor allem in Österreich durchgeführt. Wer sich für den Anbau interessiert, möge sich an folgende Adresse wenden: Bundesanstalt für alpenländische Landwirtschaft, Abteilung 2.4, A-8952 Irdning, Telefon 0043/(0)3682/22451–0.

Brand der Williams Christbirne (Williamsbrand)

Diese Birnensorte ist hervorragend zur Destillation geeignet. Die Birnen dürfen nicht zu früh gepflückt werden, sie sollen der Genußreife nahe sein und aus einer Gegend kommen, in der diese Sorte ihr volles Aroma entwickelt. Das Einmaischen (Einschlagen) erfolgt beim Beginn des Teigigwerdens der Birne. Sie muß mit der Hand leicht zu zerdrücken sein, darf aber innen nicht verfärbt (bräunlich) sein. Um besonders feine Brände zu erzielen, muß man die Fruchtstiele entfernen. Läßt man sie dabei, so können sie einen leichten Bittergeschmack im Destillat bewirken; außerdem darf man keine verletzten, faulen oder unreifen Früchte verwenden.

Holunderbrand

Der schwarze Holunder wächst wild und ist sehr aromatisch. Es gibt aber auch einige gute kultivierte Sorten. Die Ernte erfolgt, wenn sich auf der Traube noch einige grüne Beeren befinden. Die Beeren müssen von den Stielen und Kämmen getrennt (Rebelmaschine, Schwarzbeerriffel) oder über Hasengitter abgestreift werden. Anschließend muß man die Beeren durch eine Maischmühle treiben, damit ein rascher Aufschluß erfolgt. Falls man die Beeren im ganzen einmaischt, muß öfter durchgerührt werden.

Holundermaische hat wenig Säure und Hefenährstoffe und ist daher sehr anfällig für verschiedene Gärfehler. Um eine reintönige Maische und damit auch einen sauberen Holunderbrand zu bekommen, sind folgende Zusätze notwendig: Reinzuchthefe; pektinabbauendes Enzym; Säure; Hefenährsalz.

Zur Beachtung: Roher roter Holunder ist giftig. Verwenden Sie nur den schwarzen Holunder. Bei Holunder und Vogelbeere ist auch darauf zu achten, daß genügend Früchte zum Einmaischen vorhanden sind. Würde man z.B. nur Früchte für einen Rauhbrand zusammenbekommen, ist es vorteilhafter, einen Mischbrand herzustellen. Man mischt die Beeren mit Kernobst (z.B. Apfel-Holunder-Brand), und vermerkt auf dem Etikett die Zusammensetzung, z.B. 70% Apfel, 30% Holunder.

Vogelbeerbrand (Ebereschenbrand)

Die wildwachsenden Vogelbeeren sollen vor der Ernte mindestens zwei Frostnächte hinter sich haben. Kultivierte Vogelbeeren kann man schon früher ernten, wie z.B. die süße oder mährische Eberesche. Sie wird gerne von den Vögeln gefressen, und der Erntetermin richtet sich eigentlich nach dem Vogelfraß. Man kann die Früchte ruhig zwei bis drei Wochen in Steigen locker lagern, wenn man nicht sofort zum Einmaischen kommt.

Eingemaischt werden nur die Beeren. Die Stiele und Kämme müssen entfernt werden, da sie dem Schnaps einen bitteren Geschmack verleihen. Zum Einmaischen sollen die Beeren gequetscht oder durch eine Maischemühle getrieben werden. Die Kerne müssen ganz bleiben, da sich sonst das Bittermandelöl bei der Gärung in Blausäure umwandeln kann.

Die Vogelbeeren enthalten den natürlichen Konservierungsstoff Sorbinsäure, der auch die Hefe hemmt und damit die Gärung erschwert. Für eine gute Gärung ist daher ein Zusatz von Reinzuchthefe empfehlenswert.

VI. Die hochgradige Maische (mit Zuckerzusatz)

Allgemeines

Wie schon bei der herkömmlichen Maische besprochen, wird bei der Maische durch einen Gärprozeß der Fruchtzucker in Früchten oder stärkehaltigen landwirtschaftlichen Produkten wie Mais, Kartoffeln, Getreide etc. in Trinkalkohol verwandelt. Der Alkoholgehalt hängt dabei ausschließlich von der Zuckermenge im Ausgangsmaterial, das heißt dem Fruchtzuckergehalt ab. Der Fruchtzuckergehalt ist abhängig von der Fruchtart und ergibt im vergorenen Zustand zwischen 2 und 12 vol% Alkoholgehalt in der fertig ausgegorenen Maische.

Der Zuckerzusatz

Wenn nun der Zuckergehalt die Alkoholmenge bestimmt, so liegt es auf der Hand, darüber nachzudenken, ob nicht ein zusätzlicher Zuckerzusatz (Rüben- oder Rohrzucker bzw. der ganz normale Kristallzucker) den Alkoholgehalt der Maische erhöht. Wenn dem Fruchtbrei oder Saft Normalkristallzucker zugegeben wird, vergärt nicht nur der Fruchtzucker, sondern auch der Kristallzucker. Damit steigt der Alkoholgehalt der später fertig ausgegorenen Maische. Die maximale Obergrenze liegt aber, wie bereits erwähnt, bei optimaler Gärführung und Verwendung von Sherryhefe bei 16 vol%.

Die Vorteile der Maische mit hohem Alkoholgehalt:

- Die Schnapsausbeute beim späteren Brennen von Frucht- oder Beeremaischen ist doppelt bis dreimal so hoch wie bei herkömmlichen Maischen.
- Wegen des hohen Alkoholgehaltes von 16 %vol braucht man die Maische nur einmal zu brennen, damit erhält der Schnaps gegenüber der herkömmlichen Methode (zweifaches Brennen) ein deutlich intensiveres Aroma.

Verhältnis des Zuckergehaltes zum Alkoholgrad bei vollständiger Vergärung

Die folgende Tabelle ist die Basis für jeden hochprozentigen Maischeansatz.

Alkoholprozente **nach** vollständiger Vergärung	Zuckermenge in Gramm pro Liter Maische/Wasser **vor** Vergärung
0,9	12,5
1,6	25
2,3	44
3,0	57
3,7	76
4,4	95
5,1	107
5,8	120
6,5	132
7,2	145
7,8	157,5
8,6	170
9,2	182,5
9,9	195
10,6	208
11,3	225
12,0	240
12,7	252
13,4	265
14,1	277
14,9	290
15,6	302,5
16,3	315
17,0	327,5
17,7	340
18,4	352

Wichtig:	Der Zucker darf am Anfang nicht zur Gänze beigegeben werden, da der Ansatz dann zu süß wird und dadurch schlecht gärt.
Als Faustregel gilt:	1/3 der Gesamtzuckermenge am Anfang 1/3 nach 1 Woche 1/3 nach 2 Wochen
Zuckerart:	Kristallzucker
Gärtemperatur:	20 °C bis max. 25 °C

Beispiel 1: *Wir haben 40 Liter Holunderblütenmaische nach Rezept angesetzt. Wieviel Kristallzucker ist notwendig, um einen Holunderblütenwein mit 16 % Alkoholgehalt zu erhalten?*

Holunderblüten enthalten keinen eigenen Zucker, daher muß der notwendige Zucker (welcher dann in Alkohol umgesetzt wird) zur Gänze der Maische zugegeben werden.

Aus der Tabelle »Verhältnis des Zuckergehaltes zum Alkoholgrad« ist ersichtlich, daß für einen 15,6%igen Wein 302,5 g Zucker je Liter Maische notwendig sind. Für 40 Liter Ansatz sind somit 302,5 × 40 = 12.100g oder 12,1 kg Zuckerzusatz notwendig.

40 l Maische mit 15,6 % Alkohol ergeben 6,24 Liter reinen Alkohol oder exakt 16,0 Liter Holunderschnaps mit einer Trinkstärke von 39 %, wobei allerdings angenommen wird, daß der gesamte Alkohol mit Trinkqualität umgesetzt wird, was leider nicht ganz der Fall ist.

Beispiel 2: *Wir haben 50 Liter Apfelmaische mit Zuckerzusatz einige Wochen lang gären lassen. Der Zucker ist vergoren, das heißt, die Maische schmeckt so richtig trocken. Mit dem Vinometer haben wir einen Alkoholgrad von 8 vol% gemessen.*

Wieviel Zuckerzusatz ist noch nötig, um einen Apfelwein von etwa 16 vol% zu erhalten?

Aus der Tabelle »Verhältnis des Zuckergehaltes zum Alkohol«:

Für 15,6 vol% Alkohol sind 302,5 g Zucker je Liter notwendig.

Bei 7,8 vol% Alkohol wurden 157,5 g Zucker je Liter bereits vergoren. Daher sind je Liter noch 302,5 – 157,5 = 145 g Zucker zuzugeben, um einen Alkoholgehalt von 15,6 vol% zu erreichen. Bei 50 Liter Maische bedeutet dies einen Zuckerzusatz von 145 × 50 = 7250 g oder 7,25 kg sowie nochmaligen Zusatz von Gärfix.

Der Ansatz der hochgradigen Maische

Zunächst bereiten wir uns, wie schon beschrieben, einen Gärstarter zu. Wenn dieser in die stürmische Gärphase gekommen ist, erfolgt der Maischeansatz in einem sauberen Kunststoffaß. Oben hat das Faß eine große Öffnung, damit wir den Fruchtbrei gut einfüllen können.

Vorgehensweise

- Einfüllen des Fruchtbreies in das Faß
- Auffüllen mit Leitungswasser im Volumenverhältnis 1:2 zum Fruchtbrei. Achtung: Das Faß darf wegen der stürmischen Gärung höchstens dreiviertel voll gefüllt werden!
- Zumischen des Gärstarters oder der Sherryreinzuchthefe
- Enzyme einrühren, z.B. Antigel, Pectinex, Pectinol oder Gärfix

nach 1–3 Tagen:

- Zugeben der Zitronen-, Apfel- oder Milchsäure nach Rezept
- Zugeben der entsprechenden Menge Gärsalz
- Kontrolle des Säuregrades (pH-Wertes) mit Indikatorpapier
- Beimengen von etwa ⅓ der notwendigen Kristallzuckermenge für einen 16%igen Fruchtwein
- Alles sehr gut durchmischen, am besten mittels einer Handbohrmaschine mit aufgesetztem Universalrührstab, bis der Ansatz zu schäumen beginnt
- Verschließen des Fasses und Aufsetzen eines Gärspundes
- Eintragung aller Ansatzdaten der Maische, einschließlich Datum in das Gärprotokoll

Damit der Gärprozeß reibungslos abläuft und im ausgegorenen Zustand ein Fruchtwein von 16% Alkoholgehalt (Sherryweinstärke) mit einem einwandfreien Geschmack und Aroma entsteht, braucht man, wie bereits besprochen, zum Ansatz der Maische sieben Stoffe:

Was	Warum	Wieviel
Rohmaterial: Früchte, Beeren, Blüten	gibt das Aroma, den Geschmack sowie den Alkoholgehalt aus dem natürlichen Fruchtzucker	z.B. 10 kg für 20 l Maische, bei Blüten gleich viel Volumen wie Wasser
Wasser	macht die Maische dünnflüssig und gibt mehr Volumen, ohne die Aromaintensität zu beeinflussen	gleich viel Volumen wie Rohmaterial
Enzyme, Verflüssiger	Verhindert ein Gelieren des Fruchtbreis, entsaftet ihn (vor allem bei Beeren) und sorgt für einen schnelleren Gärablauf	30–50 ml für 100 Liter Maische
Hefenährsalz	Nährstoffversorgung der Hefe	~ 50–75 g / 100 Liter
Gärstarter	damit von Anfang an der richtige Gärstamm dominiert	~ 1/10 des Volumens der gesamten Maische
oder: **Sherryreinzuchthefe** wenn kein Gärstarter zugegeben wird	zur Erreichung eines Alkoholgehaltes von 16 %vol im ausgegorenen Zustand	~ 30 ml für 100 Liter Maische
Säure: Apfelsäure, Milchsäure, Zitronensäure	zur Verhinderung von Fehlgärungen und zur Spaltung der Disaccaride (Kristallzucker)	~ 6–10 g/l Maische lt. Dosiertabelle
Zucker	zur Erreichung einer Alkoholstärke von 16 vol% der ausgegorenen Maische	~ 0,3 kg/Liter, siehe Tabelle Zuckergehalt zu Alkoholgehalt

Das Ansatz- und Gärprotokoll

Gleichzeitig mit dem Ansatzprotokoll führen wir auch ein Gärprotokoll, in dem wir alle Daten während des Gärverlaufes, wie z.B. Zuckerzugabe, Alkoholgrad etc., eintragen. So können wir das Ende der Gärzeit bestimmen und festlegen, wann gebrannt wird. Für spätere Ansätze können wir nachvollziehen, wie der fertige Fruchtwein entstanden ist. Bei Gärungen im Winter ist es zudem zweckmäßig, die Raumtemperatur zu notieren, da es bei tiefen Temperaturen vorkommen kann, daß die Gärung unterbricht. Um fehlerhafte Zugaben der notwendigen Ingredienzen zur Maische weitgehend zu vermeiden, ist eine lückenlose Dokumentation der durchgeführten Arbeiten unerläßlich. Nur anhand eines akribisch geführten Protokolls können etwaige Fehler beim Gärverlauf nachvollzogen werden.

Das Ansatzprotokoll

Fruchtmaische		
Ansatz am:		
Fruchtanteil	kg	
Wasserzusatz	Liter	
Gesamtmaischemenge	Liter	
Enzyme	Gramm	
Säurezusatz für pH ≈ 3	Gramm	
Nährsalzzusatz	Gramm	
Hefezusatz	ml	
Zuckerbeigabe bei Ansatz	kg	
Gesamtzuckermenge für ≈ 16 vol% Fruchtwein	kg	

Das Gärprotokoll

Datum	Gärtage	Zucker-zusatz	Zucker gesamt	% Alkohol	Bemerkung

Allgemeine Angaben:

Zucker für 16 vol%	≈ 0,3 kg / Liter
Milch- / Zitronensäure	≈ 10 g / Liter
Gärfix	≈ 5 – 7,5 g / 10 Liter
Verflüssiger	≈ 30 – 50 g / 10 Liter

Beispiel:

Fruchtmaische		*Holunderblüte*
Ansatz am:		*21.6.*
Fruchtanteil	kg	*50 Liter*
Wasserzusatz	Liter	*50*
Gesamtmaischemenge	Liter	*100*
Enzyme	Gramm	*50 ml*
Säurezusatz für pH ≈ 3	Gramm	*1000*
Nährsalzzusatz	Gramm	*40*
Hefezusatz	ml	*50 Sherry*
Zuckerbeigabe bei Ansatz	kg	*10*
Gesamtzuckermenge für ≈ 16 vol% Fruchtwein	kg	*30*

Bemerkung: Bei den leichten Holunderblüten erfolgt, wie auch bei allen anderen Blütenzusätzen, die Mengenangabe der Frucht in Liter.

Datum	Gärtage	Zucker-zusatz	Zucker gesamt	% Alkohol	Bemerkung
21.6.	*0*	*10*	*10*	*0*	*pH o.k.*
7.7.	*17*	*10*	*20*	*6,6*	
16.7.	*25*	-	*20*	*10*	
27.7.	*36*	*5*	*25*	*13,5*	*20 g Gärfix*
31.7.	*40*	-	*25*	*14*	*pH o.k.*
10.7.	*50*	*5*	*30*	*14,8*	
18.7.	*58*	-	*30*	*15*	
4.9.	*75*	-	*30*	*15,5*	*pH o.k.*

Alle Vorkommnisse werden genau im Gärprotokoll festgehalten.

Die Kontrolle

Ist nun der Gärbehälter verschlossen, so blubbert nach Einsetzen des Gärprozesses das entstehende Kohlendioxidgas durch den Gärspund. Der Gärbehälter sollte höchstens bis zu ¾ mit der Maische angefüllt werden, da bei Einsetzen der stürmischen Gärung die Maische schäumt und der Fruchtbrei nach oben gedrückt wird. Der Fruchtbrei verstopft dann den Gärspund, und im Faßinneren baut sich Druck auf.

Ich habe einmal ein Fünfzigliterfaß mit delikater Aprikosenmaische zum Gären gebracht. Das Faß war aber recht voll; ich dachte, es wird schon nichts passieren, und ging am Abend zu einer Einladung. Als ich nach Hause kam, saßen meine Kinder zitternd im Bett und sagten, es wären Einbrecher im Haus, denn es hat geknallt und danach fürchterlich gerauscht. Beim Nachschauen entdeckte ich dann im kurz vorher frisch ausgeweißten Keller die Bescherung: Das Faß war nur mehr halb voll, der herausgespritzte Inhalt tropfte von der Decke und rann an den Wänden herunter.

Die Heftigkeit der Gärung erkennt man an der Wiederholfrequenz der »Blubberer« des Gärspundes. Somit können wir sehr einfach feststellen, wie der Gärprozeß abläuft, oder ob er überhaupt noch stattfindet. Ist die Gärung einmal in Gang gekommen, soll diese bis zum Ausgären ohne Unterbrechung durchgezogen werden. Gärunterbrechungen sind unangenehm; es ist schwierig, eine zum Stillstand gekommene Maische wieder in Gang zu bringen. Zudem sind sie meist mit einer nachteiligen Geschmacksveränderung verbunden.

Wichtigste Gründe für eine Gärunterbrechung:

- zu hohe Temperatur, über 30 °C
- zu niedrige Temperatur, unter 12 °C
- zu hoher Zuckergehalt
- der gesamte Zucker in der Maische wurde bereits vergoren
- zu hoher Säuregehalt unter (pH 2,5)

Ein täglicher kurzer Blick in den Gärraum genügt, um festzustellen, in welchem Zustand sich die gärende Maische befindet. Wenn die Blubberfrequenz deutlich abnimmt, ist es an der Zeit, Zucker nachzugeben. Man kann auch ein sehr empfindliches Meßgerät einsetzen, den menschlichen Geschmackssinn. Ist der Geschmack trocken (aber nicht sauer), wurde der gesamte Zucker in Alkohol und Kohlendioxidgas umgesetzt.

Wie bereits erwähnt, darf während der Gärung die Maische mit der Außenwelt nur durch den Gärspund verbunden sein, damit keine Bakterien oder Essigfliegen an die Maische kommen können. Durch die Gärgase steigt der Fruchtbrei nach oben (der Fachmann nennt dies obergärig); der Fruchtbrei sollte regelmäßig (etwa alle 4 Tage) mit einem großen Holzlöffel »unter Wasser« gedrückt und durchgerührt werden. Wenn beim Ansatz Zitronensäure verwendet wurde, muß wöchentlich mittels des Indikatorpapieres der pH-Wert überprüft und gegebenenfalls Säure nachdosiert werden.

In der nachfolgenden Grafik ist die Alkoholgradentwicklung (Meßmethode: Vinometer) über die Gärzeit dargestellt. Eingezeichnet wurde die Alkoholgradentwicklung der Holunderblüte aus dem vorher angeführten Gärprotokollbeispiel und eine Maische mit roten Johannisbeeren (Ribisel) als Frucht. Man sieht, daß die Alkoholentwicklung in den ersten 35 Tagen recht rasch vor sich geht, dann immer langsamer wird und ab 70 Tagen nahezu zum Stillstand kommt. Der zu erreichende Endstand des Alkoholgrades hängt von der verwendeten Reinzuchthefe und von der Frucht selbst ab. Bei den Holunderblüten wurde Sherryhefe (nach 75 Tagen 15,5 %vol) und bei den Johannisbeeren Portweinhefe (nach 75 Tagen 16,6 %vol) verwendet.

Alkoholgradentwicklung

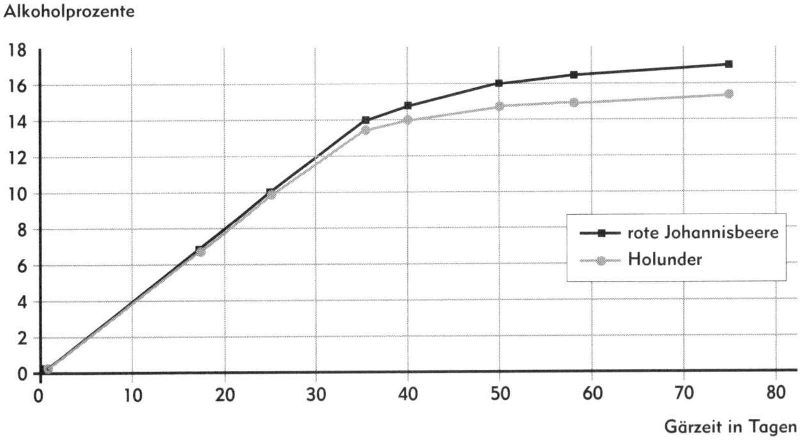

Man könnte die Gärung bei einer optimalen Umgebungstemperatur von 25 °C noch weiter fortführen, aber das bringt nicht mehr viel. Der Grund für die Abnahme des Gärprozesses ist der hohe Gehalt an Alkohol in der Maische, welcher die Gärhefepilze abtötet. Diese sinken zu Boden und bilden eine gelbliche schlammartige Schicht, welche sehr stark nach Hefe schmeckt und an sich sehr gesund ist (natürliches Vitamin B).

Wenn bei der fertigen hochgradigen Maische die Zuckerdosierung richtig war, hat diese im ausgegorenen Zustand einen sehr trockenen, fruchtintensiven Geschmack.

Kontrollzeitplan für die gärende Maische:

täglich:	Blubber- und Raumtemperaturkontrolle
alle 4 Tage:	Unterrühren des obergärigen Maischebreies in die Flüssigkeit
wöchentlich:	Alkoholgrad- und pH-Wert-Messung

Wenn die Maische (nunmehr Fruchtwein) ihre Alkoholgrade erreicht hat, ist sie reif zum Brennen.

VII. Das Filtrieren der Maische und des Angesetzten

Das Filtrieren der Maische

Aus der Maische ist nun ein Fruchtwein mit etwa 16 %vol Alkohol entstanden. Mit dem Fruchtwein hat man nun zwei Möglichkeiten: keltern oder brennen. Wir können den Fruchtwein also in Flaschen abziehen, lagern oder brennen und dadurch Schnaps produzieren.

Mit professionellen Anlagen kann die Maische in einem Doppelwandkessel gebrannt werden. Wenn wir aber eine einfache Anlage haben, muß darauf geachtet werden, daß die Maische beim Brennen nicht anbrennt. Damit dies vermieden wird, filtriert man die festen Bestandteile ab. Diese enthalten weder Alkohol noch Geschmacksstoffe und geben außerdem beim Brennen bei höheren Temperaturen unangenehm schmeckende Fuselöle (den Nachbrandgeschmack) frei. Die festen Bestandteile einer Maische sollten also immer vor dem Brennen aus den vorher erwähnten Gründen entfernt werden.

Zum Filtrieren der Maische verwendet man zweckmäßigerweise ein starkes Gitter aus Glasfaser mit einer Maschenweite von etwa 1 mm, welches in jedem Baumarkt erhältlich ist. Aus diesem Material machen wir uns einen Filtersack, nähen diesen um einen Ring, welcher den gleichen Durchmesser wie unser Maischefaß hat. Der Filtersack samt Ring wird auf das Faß gelegt und die Maische eingefüllt. Danach lassen wir die Natur für uns arbeiten:

Der flüssige Teil tropft langsam (in etwa zwei Tagen) in das Faß, welches mit einem Deckel abgedeckt wird.

Maischefaß

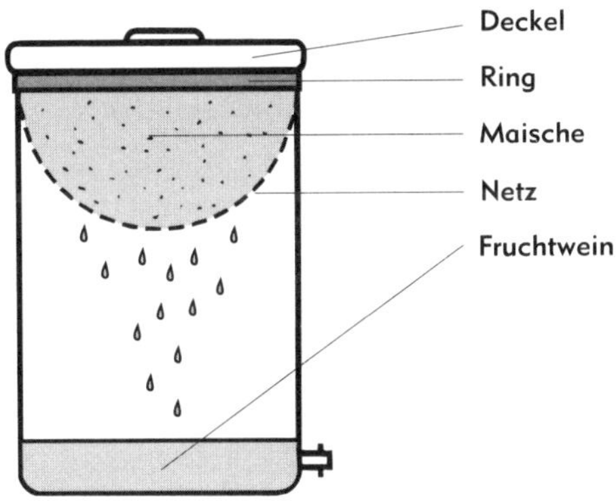

Fruchtpresse

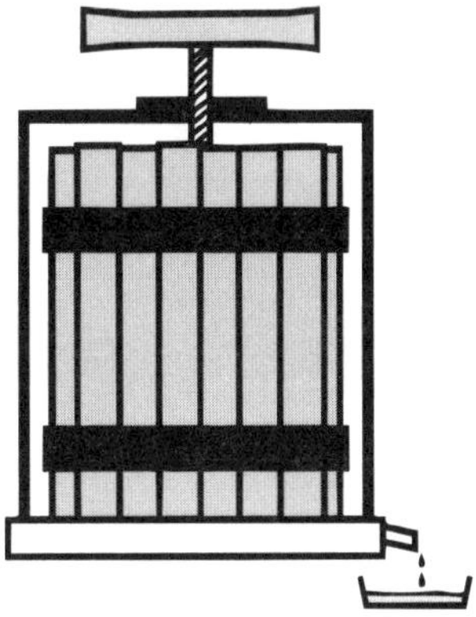

Dann nehmen wir den breiig-festen Teil aus dem Filtersack und pressen diesen in einer Fruchtpresse aus, bis nur mehr ein trockener Kuchen übrigbleibt, welcher dann weggeworfen wird. Das Auspressen ist zu empfehlen, da im Brei noch erstaunlich viel Flüssigkeit mit intensivem Aroma und Alkoholgehalt enthalten ist.

Das Filtrieren des Angesetzten

Vor dem Brennen muß auch der Angesetzte filtriert werden. Werden nämlich Früchte oder Kräuter gekocht, so werden unangenehme Geschmacksstoffe frei. Beim Angesetzten ist das gewünschte Aroma bereits in der Flüssigkeit enthalten. Zum Filtrieren des Angesetzten verwenden wir am einfachsten einen Kaffeefilter mit entsprechendem Gehäuse, einen Trichter- oder Zylinderfilter.

Trichterfilter

Nach dem Filtrieren können wir mit dem Brennen beginnen.

VIII. Der Fruchtwein

Was ist Wein?

Unter Wein versteht man im allgemeinen ein alkoholisches Getränk, welches aus Weintrauben hergestellt wird. Vor vielen Jahren kam ich im Flugzeug mit einem Engländer ins Plaudern, der mir stolz erzählte, daß er sich einen Wein aus Orangen selbst herstellen würde. In meiner damaligen Unkenntnis hielt ich den Herrn für etwas »spleeny«, denn so etwas konnte es ja gar nicht geben, einen Wein aus Orangen ... Heute weiß ich es besser. Als Wein bezeichnet man Getränke aus vergorenen Früchten oder Beeren mit einem Alkoholgehalt von etwa 9–16 %vol Alkohol. Wein aus Weintrauben herzustellen ist also nur eine von vielen Möglichkeiten, aufgrund der Anbaumenge und der hohen Alkoholausbeute aber die bekannteste Art.

Alle ausgegorenen, filtrierten und abgezogenen Zwischenprodukte zur Schnapsherstellung sind Fruchtweine mit einem ausgeprägten Eigengeschmack und zum »Zwischengenuß« (dem Trinken als Wein) sehr gut geeignet.

Der Phantasie für neue Kreationen sind keine Grenzen gesetzt. Ich spürte einmal dem Geheimnis der Campariherstellung nach und kreierte einen hochprozentigen Wein aus Holunderblüten, frischem Wermut und Zitronenmelissekräutern aus dem Garten. Das Produkt schmeckte wegen des Wermuts interessant und bitter, aber nur sehr entfernt nach Campari. Auf einer Party wurde das Getränk als Aperitif eisgekühlt serviert und hatte wegen seines besonderen Geschmackes großen Erfolg.

Solange der Fruchtwein noch gärt, bildet sich an der Oberfläche eine Schutzgasatmosphäre aus Kohlendioxidgas, weil dieses schwerer als Luft ist. Trotzdem ist zum Schutz vor Essigfliegen, anderen Bakterien und Mikroorganismen das Faß immer zu schließen und ein Gärspund anzubringen.

Wenn der Fruchtwein den endgültigen Alkoholgrad von etwa 16 %vol erreicht hat und filtriert ist, hängt es nur noch von der Menge des Restzuckers ab, ob man einen lieblichen, halbtrockenen, trockenen oder extra trockenen Wein keltert und lagert.

Zur Einstellung auf die gewünschte Restsüße hilft uns wieder unser genaues Meßgerät, unsere Geschmacksnerven. Wenn ein trockener Wein mittels Zuckerzusatz auf die gewünschte Süße eingestellt wird, sollte der Zucker zuerst in heißem Wasser gelöst, die Lösung abgekühlt und dann vorsichtig (nicht zuviel auf einmal!) beigegeben werden. Vorsicht: Ausgegorener, zu süßer Wein kann nicht mehr entsüßt werden. Bei längerer Lagerung ändert sich in geringem Maße der Alkoholgehalt, der Geschmack und die Süße jedoch nicht mehr.

Das Keltern des Fruchtweines

Zunächst füllt man den gefilterten Fruchtwein in Glasballons oder lebensmittelechte Kunststoffbehälter ab und läßt diese in einem kühlen Raum (oder besser Keller) mit einer Raumtemperatur von etwa 12 °C stehen. Die Behälter sollen soweit wie möglich aufgefüllt werden, so daß nur mehr ein ganz kleines Luftpölsterchen im Ballonhals übrigbleibt. Im Laufe von etwa 1 – 2 Monaten sinken die abgestorbenen Hefepilze und Trübstoffe zu Boden und bilden zunächst eine gelbe, schleimige, später ziemlich konsistente Schicht auf dem Boden des Glasballons. Da jetzt der schützende Kohlendioxidgasmantel fehlt, ist der Fruchtwein gegen Sauerstoffberührung empfindlich geworden. Unter Lufteinfluß würde er oxydieren und dadurch eine empfindliche Geschmackseinbuße erleiden bzw. sauer werden. Später würden sich an der Flüssigkeitsoberfläche Schimmelpilze bilden, das Getränk wäre ungenießbar. Der Schimmelgeschmack wäre auch nach dem Brennen im Destillat deutlich vorhanden und ließe sich, wie im Kapitel »Wodkaherstellung« beschrieben, nur mehr durch Behandlung mit Aktivkohle entfernen.

Das Abziehen

Wenn nach der angegebenen Zeit der Fruchtwein im oberen Teil des Glasballons klar und rein geworden ist und sich zwischen Bodenschicht und Wein eine klare Trennungslinie zeigt, ist der Fruchtwein fertig zum Abziehen. Nach dem ersten Abziehen läßt man den Fruchtwein wieder 2–3 Monate stehen, danach hat sich ein neuer Bodensatz gebildet. Der Wein ist jetzt schön klar, obwohl auf jeden chemischen Zusatz verzichtet wurde. Dieser ist bei kommerzieller Weinherstellung zur Erreichung der Lagerfähigkeit immer notwendig. Der Fruchtwein kann jetzt vorsichtig in kleine Flaschen abgezogen werden, wobei man darauf achten muß, daß der Abziehvorgang möglichst rasch und mit geringstmöglichem Sauerstoffzutritt vor sich geht. Da der Wein »ruhig« geworden ist und kein Gas mehr produziert, soll (wegen des Sauerstoffes) nach dem Abfüllen in der Flasche nur mehr ein ganz kleines Luftpölsterchen übrigbleiben.

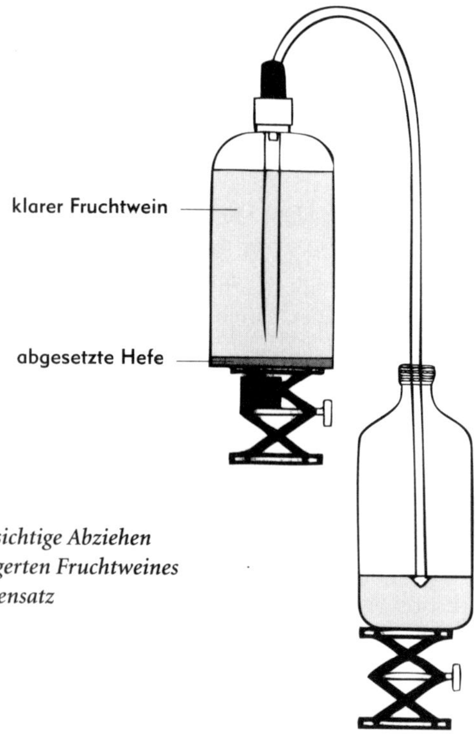

Das vorsichtige Abziehen des gelagerten Fruchtweines mit Bodensatz

Ein Naturwein ohne Chemikalien

Wenn ein Wein etwa 16 %vol erreicht hat und kein Sauerstoffzutritt erfolgt, ist er für eine längere Lagerung sehr stabil geworden. Der Wein bekommt nach etwa 1–2 Jahren zusätzlich zum Fruchtaroma den charakteristischen Geschmack von Sherry oder Portwein, ist somit als Aperitif ausgezeichnet geeignet. Dies alles ganz ohne chemische Zusätze wie z.B. Schwefel, Stabilisatoren, Klärungs- oder Schönungsmittel, wie sie bei der industriellen Weinherstellung notwendig und üblich sind.

IX. Das Brennen von alkoholhaltigen Flüssigkeiten

Allgemeines

Das korrektere Wort für »brennen« ist destillieren. Beim Destillieren wird eine Flüssigkeit verdampft, der Dampf steigt auf und kühlt in einem Kühler wieder ab. Durch die Abkühlung wird der Dampf wieder flüssig, er kondensiert. Das Ergebnis ist das Destillat, dieses wird in einem Behälter gesammelt. Der Begriff »brennen« wird eigentlich nur beim Destillieren von Schnaps verwendet.

Das Destillieren von Wasser

Wird Wasser erhitzt, verdampft (siedet, kocht) es bei 100 °C. Somit steigt beim Erwärmen die Temperatur im Topf zuerst bis 100 °C an und bleibt dann so lange konstant, bis das ganze Wasser verdampft ist. Die beim Siedevorgang zugeführte Wärme (Energie) wird ausschließlich zum Verdampfen des kochenden Wassers genutzt. Solange sich also Wasser im Topf befindet, kann trotz Wärmezufuhr die Temperatur nie höher als 100 °C sein. Der Ordnung halber muß man erwähnen, daß dies für Umgebungsbedingungen auf Meereshöhe gilt, also physikalisch ausgedrückt bei einem Druck von einem Bar (10^5 Pascal). Bei höherem Druck steigt die Siedetemperatur, darauf basiert das Prinzip des Druckkochtopfs (das Kochgut wird dadurch schneller gar), während z.B. auf dem Mount Everest (wo der Luftdruck geringer ist) das Wasser schon bei 86 °C siedet (Kartoffeln können dort nie weich gekocht werden).

Leitungswasser enthält Salze, Mineralien, Kalk und andere Verunreinigungen, sie sind im Wasser »gelöst«. Da diese Substanzen im ungelösten Zustand fest sind, sind sie nicht wie Wasser oder Alkohol flüchtig, bleiben somit beim Destillieren im sogenannten Kochsumpf, der Schlempe, zurück. Bei Abkühlung des Wasserdampfes entsteht also chemisch reines, destilliertes Wasser (aqua destillata).

In manchen Regionen wird von den Wasserwerken zur Desinfektion Chlor beigemengt. Ob Wasser gechlort wurde, ist am Geschmack bzw. Geruch erkennbar (nur wenn die Testperson kein gechlortes Wasser gewöhnt ist), aber auch beim zuständigen Wasserwerk kann Chlorzusatz erfragt werden. Chlor ist in ungelöster Form gasförmig, daher flüchtig und bleibt beim Destillieren somit nicht im Kochsumpf zurück. Um einen geschmacklich einwandfreien Brand zu erhalten, sollte gechlortes Wasser vor dem Einmaischen oder Ansetzen des Brenngutes abgekocht werden. Als Kühlmedium ist gechlortes Wasser hingegen sehr wohl geeignet, da dieses nie mit dem Dampf bzw. Destillat in direkten Kontakt gelangt.

Was ist ein Duftwasser?

Enthält das Wasser Duft- oder Aromastoffe, sogenannte ätherische Öle, verdampfen diese wegen ihrer relativen Flüchtigkeit beim Destillieren mit. Diese Duftstoffe kann man im Destillat riechen oder schmecken; so werden auf einfache Weise sogenannte Duftwässer, wie z.B. Rosenwasser, hergestellt. Diese Duftstoffe sind in jedem Alkoholgetränk ebenfalls enthalten und verursachen den charakteristischen Geschmack des jeweiligen Getränkes. Weingeist in 96%iger Stärke, auch reiner Alkohol genannt, hat wie destilliertes Wasser keine Duftstoffe und ist daher geschmacklos.

Das Destillieren von reinem Alkohol

Wird reiner Ethylalkohol destilliert, so liegt die Siede- bzw. Verdampfungstemperatur bei 78,5 °C. Das heißt, bei Erwärmung verdampft der Alkohol bei dieser Temperatur, die so lange konstant bleibt, bis die gesamte Menge verdampft ist. Nach Abkühlung des entstandenen Dampfes im Kühler ist das Ergebnis wieder reiner Ethanol, also ein perfekter, aber nicht besonders sinnvoller Kreislauf.

Das Destillieren von Alkohol-Wasser-Gemischen – Der »brannte Wein« oder Weinbrand

Destillieren kann man nicht nur reine Flüssigkeiten, sondern auch jedes Flüssigkeitsgemisch, das durch Erwärmen zum Verdampfen kommt. Das gilt auch für Alkohol-Wasser-Gemische. Das klingt sehr wissenschaftlich, ist es aber nicht, denn ein Alkohol-Wasser-Gemisch mit Aroma- und Farbstoffen von etwa 11 vol% Alkoholanteil ist nichts anderes als der Wein, welcher somit destillierfähig ist. Das Ergebnis ist der Weinbrand, den man im Mittelalter »brannte Wein« nannte, aus dem bald auch der »Branntwein« wurde.
Nur aufgrund der unterschiedlichen Verdampfungstemperaturen von Alkoholen und Wasser läßt sich der Trinkalkohol destillativ abtrennen bzw. wird Schnapsbrennen überhaupt möglich.

Wird nun so ein Alkohol-Wasser-Gemisch, wie z.B. Wein, erhitzt, so verdampft wegen des niedrigeren Siedepunktes zuerst der Alkohol und dann das Wasser. Es wird durch den verdampfenden Alkohol auch ein gewisser Anteil an Wasser mitgeschleppt (außerdem verdunstet bei ca. 80 °C auch ohne Alkohol das Wasser bereits in verstärktem Ausmaß), so daß als Destillat nicht reiner Alkohol, sondern wiederum ein Alkohol-Wasser-Gemisch, jedoch mit einem hohen Alkoholgehalt entsteht. Während des Brennvorganges verschiebt sich dieses Verhältnis zugunsten des Wasseranteiles, da der Alkoholgehalt im Kochsumpf ständig abnimmt, wodurch die »Siedetemperatur« des Gemisches ständig zunimmt und dadurch mehr Wasser verdampft. Dieser Vorgang vollzieht sich nicht schlagartig, sondern geht, wie alles in der Natur, gemächlich vor sich.

Die Siedetemperatur steigt von 86 °C (Dampftemperatur) am Beginn des Brennvorganges bis auf 100 °C am Ende desselben an, da zum Schluß der gesamte Alkoholanteil des Weines verdampft ist und Wasser, wie vorher beschrieben, bei 100 °C siedet. Durch Messung der Dampftemperatur im Dampfdom kann man während des Brennvorganges den Restgehalt des Alkohols im Sumpf näherungsweise bestimmen. Wenn wir beim Erreichen der 100 °C Siedetemperatur zum Destillieren aufhören, ist nicht das ganze Wasser verdampft, ein Teil ist im Kochsumpf verblieben.

Am Beginn des Brennvorganges hat das Kochgut beim Brennen von Wein eine Siede-Dampftemperatur von etwa 86 °C und 11 vol% Alkoholanteil. Das gewonnene Destillat hat dann einen Alkoholanteil von ca. 62 vol% (nicht zu vergessen, die Duft- und Geschmacksstoffe sind auch dabei). Das hochprozentige Destillat muß dann, wie schon beschrieben, mit destilliertem Wasser auf die gewünschte Trinkstärke verdünnt werden.

Die Aromastoffe

Flüchtige Bestandteile im Kochgut sind z.B. die Aromastoffe, diese werden beim Erhitzen auch verdampft bzw. vom Alkoholdampf mitgetragen und finden sich dann im Destillat wieder. Erfreulicherweise sind diese Substanzen die Duft- und Geschmacksstoffe aus der Ausgangsflüssigkeit. Das ist auch der Grund, warum destillierte Alkohol-Wasser-Gemische nach ihrem Ausgangsstoff riechen bzw. schmecken. Der menschliche Geschmacks- und Geruchssinn ist ausgesprochen empfindlich und kann daher auch geringste Spuren von unerwünschten Aromen (z.B. Sauerstich der Maische) »detektieren«, d.h. schmecken bzw. riechen.

Ein eisernes Gesetz beim Schnapsbrennen ist: Das Destillat schmeckt genauso wie der Ausgangsstoff, da die Duft- und Aromastoffe immer mitdestilliert werden.

Der Versuch, sich beim Brennen einer Flüssigkeit mit Nebengeschmack (z.B. schimmeligem Wein) mit dem Gedanken »Na, wird schon gehen« etwas vorzuschwindeln, geht mit Sicherheit schief. Wenn der Schnaps einmal einen unangenehmen Beigeschmack hat, ist dieser praktisch durch nichts mehr wegzubringen, und viel Arbeit war umsonst. So ein Getränk können Sie höchstens Gästen anbieten, die Sie nicht mögen – giftig ist es ja nicht, es schmeckt nur scheußlich. Durch eine spezielle Brennmethode kann man den Beigeschmack dennoch entfernen. Die Herstellung eines geschmacksneutralen Schnapses wird später beschrieben. Allerdings gehen bei dieser Methode auch alle angenehmen Aromen verloren.

Farbstoffe im Destillat

Die Farbstoffe, welche in Alkohol-Wasser-Gemischen (Wein, Apfelwein, Maische etc.) immer vorhanden sind, sind so schwerflüchtig, daß sie beim Destillieren nicht mitverdampfen. Ein Destillat ist immer farblos.

Alle farbigen edlen Destillate, wie z.B. Whisky oder Cognac, erhalten ihre Tönung ausschließlich aufgrund ihrer Lagerung in Eichenfässern. Bei weniger edlen Getränken entsteht die Farbe durch chemische Farbbeimengungen oder andere Zusätze.

Das Brennprofil

Wie bereits ausführlich beschrieben, ändert sich während des Brennvorganges die Zusammensetzung des Destillates. Das betrifft nicht nur den Alkoholgehalt, sondern auch den Geruch bzw. Geschmack, da die Aromen und andere flüchtigen Substanzen, je nach ihrer Flüchtigkeit, zu Beginn, in der Mitte oder am Ende des Brennvorganges in das Destillat übergehen. Zweckmäßigerweise wird das Destillat daher in drei Fraktionen unterteilt:

Vorlauf (Vorschuß)	**stark und giftig**
Edellauf (Mittellauf, Edelbrand)	**wohlschmeckend, nach Verdünnung trinkbar**
Nachlauf (Nachbrand)	**schwach, nicht giftig, schmeckt scheußlich**

Die Länge dieser Phasen sind je nach Art des Brenngutes und der Brennanlage sowie deren Einstellung verschieden. Sie müssen daher für jedes Brenngut individuell bestimmt werden (z.B. gibt es beim Brennen eines Angesetzten keinen Vorlauf, woher auch, im Ansatzalkohol war auch keiner).

Brennprofil einer herkömmlichen Maische

Auf der Zeitachse fehlen in diesen und den nachfolgenden Diagrammen die Zeiteinheiten, weil die Brenndauer ausschließlich von der Brennanlage (Brennvolumen, Art der Heizung) und der Art des Fruchtweines abhängt. Bei sehr kleinen Anlagen (ca. 1 Liter) dauert der gesamte Ablauf etwa 20 Minuten und bei größeren Anlagen mit Holzfeuerung und Doppelwandkessel (ca. 80 Liter) etwa 3 Stunden.

Das Geschmacksprofil

Um festzustellen, wo die Grenzen der drei Fraktionen liegen, erstellen wir ein Geschmacksprofil über die Destillierzeit. Dazu nehmen wir viele Gläschen, füllen eines nach dem anderen mit etwa 1/16 Liter (bei kleinem Kesselvolumen weniger) des ständig herausrinnenden Destillates und numerieren sie entsprechend der Reihenfolge ihrer Füllung. Das Destillat des ersten Gläschens ist das stärkste, und die nachfolgenden werden immer schwächer. Wenn praktisch kein Alkohol mehr im Destillat vorhanden ist, kann der Brennvorgang abgebrochen werden. So erhalten wir, wissenschaftlich ausgedrückt, ein »Brenn- oder Geschmacksprofil« des Destilliervorganges über die Zeit. Wir kosten (nicht schlucken) uns jetzt vom ersten bis zum letzten Gläschen durch. Damit, und das ist ganz wichtig für einen Qualitätsbrand, können wir jetzt bei jedem Gläschen feststellen, ob dieses dem Vor-, Edel- oder Nachlauf zuzurechnen ist. So können wir die einzelnen Fraktionen voneinander trennen. Die Verkostung ist die einzig sichere Methode der Unterscheidung, denn die menschlichen Geschmacksnerven sind äußerst empfindlich.

Der Vorlaufgeschmack (riecht stechend wie Azeton) wird durch den Methylalkohol hervorgerufen. Der Edelbrand schmeckt nur nach der Frucht, und der Nachbrandgeschmack (schmeckt fad, schal, wie Fusel) entsteht durch das Auskochen der höhersiedenden Bestandteile der Maische. Sowohl der Vorals auch der Nachlaufgeschmack wirken im fertigen Schnaps gnadenlos. Beide Geschmacksarten sind dann praktisch durch nichts mehr wegzubringen.

Die wichtigsten Aufgaben beim Brennen:

- die Bestimmung des Geschmacksprofils beim ersten Brand einer Maische (für jede Maische neu zu bestimmen)
- die exakte Trennung des Edelbrands vom Nachlauf
- die exakte Trennung der Vorlaufs vom Edelbrand

Der Zusammenhang von Alkoholstärke und Dampftemperatur

Während des Destillierens kann man im Dampfdom mit Hilfe eines genauen Thermometers die Dampftemperatur des Alkohol-Wasser-Gemisches messen. Der Siedepunkt (Dampftemperatur) von reinem Ethanol liegt bei 78,5 °C und bei reinem Wasser bei 100 °C. Bei einem Alkohol-Wasser-Gemisch verändert sich der Siedepunkt in einem quadratischen Zusammenhang zum Alkohol-Wasser-Verhältnis. Durch Messung der Dampftemperatur können wir uns dieses physikalische Gesetz zunutze machen und somit während des Brennvorganges feststellen, wie hoch der Alkoholanteil im Dampf ist.

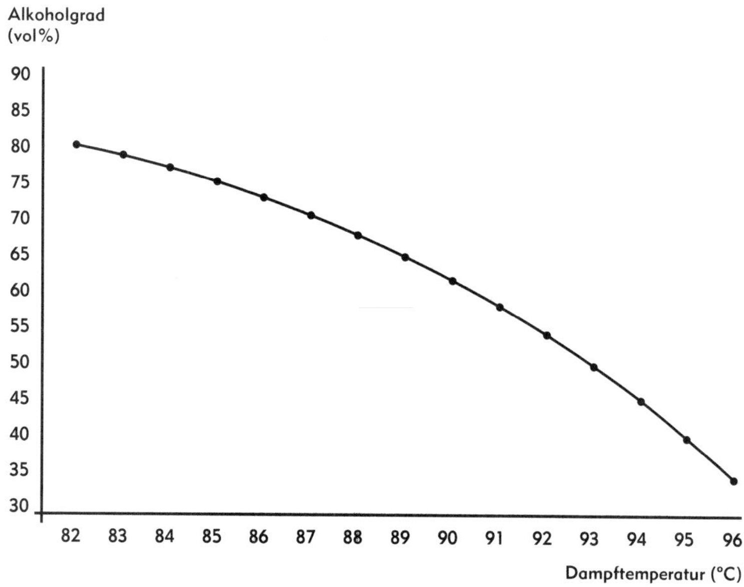

Dieser Zusammenhang wurde durch viele Versuche empirisch ermittelt. Aus Erfahrung kann gesagt werden, daß der Destilliervorgang bei Erreichen einer Dampftemperatur von etwa 92 °C abgebrochen werden sollte, da ab hier beim Brennen einer Obstmaische der Nachbrandgeschmack eintritt.

Der Vorlauf oder Holzschnaps

Bei unsauberem Arbeiten gibt es in der Maische neben dem reinen Obst auch faule, schimmelige Obstteile, Blätter, Stengel usw., also Verunreinigungen. Diese gären auch, es entsteht bei dieser Gärung kein Ethylalkohol (der trinkbare), sondern der gesundheitsschädliche Methylalkohol (Siedepunkt 64,7 °C). Glücklicherweise wird der unterschiedliche Siedepunkt der beiden Alkoholarten zur Trennung beim Brennvorgang ausgenutzt.

Der Holzschnaps oder Vorlauf ist bei der Herstellung von Fruchtschnäpsen nie ganz zu vermeiden. Der Anteil läßt sich aber genau bestimmen. Den professionellen Schnapsherstellern wurden deshalb bestimmte Mindestmengen zur Abtrennung im Lebensmittelgesetz vorgeschrieben.

Der Edelbrand

Der Edelbrand ist, wie schon beschrieben, der später mit destilliertem Wasser auf Genußstärke herunterverdünnte trinkbare Alkohol. Dieser schmeckt »reintönig« nach der Ausgangsfrucht oder den Kräutern.

Der Nachlauf

Wenn wir lange genug destillieren und der gesamte Alkohol aus der Maische verdampft ist (Siedepunkt 100 °C), destillieren wir nur mehr Wasser mit Duftstoffen. Durch das lange Kochen und die immer höher werdende Siedetemperatur haben sich aber inzwischen die empfindlichen Duft- und Geschmacksstoffe zersetzt, wodurch der Geschmack nicht mehr sehr anregend ist, man spricht dann vom sogenannten Nachlauf. Dieser ist für den Genuß nicht geeignet; man muß ihn also vom vorherigen Teil, dem Edelbrand, trennen. Der Nachlauf kann jedoch durch spezielles nochmaliges Brennen wiederverwendet werden, davon aber später (im Kapitel »Wodkaherstellung«).

Die Trennung des Holzschnapses vom Edelbrand

Erhitzt man das Brenngut, so siedet zuerst der Methylalkohol und erst später der bei höheren Temperaturen siedende Ethylalkohol. Beim Brennen kommt also zuerst ein Methanol-Ethanol-Wasser-Gemisch aus dem Kessel, das ist dann der hochprozentige Vorlauf (etwa 75 vol%). Damit man beim Brennen den schädlichen Methylalkohol vom Ethylalkohol exakt trennen kann, muß ab 60 °C Kesseltemperatur die Heizenergie nur mehr langsam und vorsichtig zugeführt werden.

Bei der Trennung der beiden Alkoholarten können wir uns völlig auf unseren Geschmackssinn verlassen. Man kann den Vorlauf zur Bestimmung ruhig in den Mund nehmen, aber nicht zu lange, denn geringe Mengen werden durch die Mundschleimhäute absorbiert. Die Geschmacksprobe sollte man keinesfalls schlucken, sondern nach dem Test ausspucken und den Mund mit frischem Wasser ausspülen.

Der Vorlauf hat einen beißenden, stechenden Geruch nach Azeton, während der »gute« Ethylalkohol nach der Frucht der Maische schmeckt.

Bei der Trennungsprüfung empfiehlt sich eine Verdünnung der Geschmacksprobe mit Wasser etwa im Verhältnis 1:3, weil die Geschmacksnerven bei Flüssigkeiten mit niedrigeren Alkoholgehalten empfindlicher sind. Bei höherprozentigen alkoholischen Flüssigkeiten werden die Geschmacksknospen regelrecht betäubt.

Wir schütten den Inhalt der Vorlaufgläschen weg oder verwenden ihn zum Einreiben, z.B. bei einem Tennisarm oder Hexenschuß.

Die Trennung von Edelbrand und Nachlauf

Die exakte Trennung von Edelbrand und Nachlauf ist ebenfalls sehr wichtig, da der reintönige Fruchtgeschmack des Edelbrandes davon bestimmt wird. Die Trennung erfolgt auch hier einfach durch Kosten (aber nicht unbedingt trinken!). Bei unserem Brennprofil stellen wir irgendwo in der knappen Mitte der Gläschenreihe fest, daß sich ein zusätzlicher Geschmack, der nicht gerade wohlschmeckend ist, eingeschlichen hat, der Nachbrandgeschmack.

Wir trennen die Gläschen mit dem Edelbrand von denen mit dem Nachbrandgeschmack. Die Gläschen mit Edelbrand werden zusammengeschüttet und die mit Nachbrand ebenfalls. Bei beiden wird der Alkoholgehalt gemessen.

Der Brand von vergorener Fruchtmaische bzw. -wein ohne Zuckerzusatz

Allgemeines

Früchte wie Obst oder Beeren werden bei der herkömmlichen Herstellung einer Maische nur durch den eigenen Fruchtzucker vergoren und haben deshalb einen Alkoholgehalt von 3 bis 12 %vol je nach Fruchtart. Diese Maischen werden allgemein von den professionellen Obstschnapserzeugern gebrannt, weil vom Gesetz vorgeschrieben ist, daß keine den Alkoholgehalt erhöhenden Zusätze (z.B. Zucker) zugegeben werden dürfen. Die Alkoholausbeute beim Brennen ist aber dem Ausgangsalkoholgehalt entsprechend gering.

Wenn wir die Maische vor dem Brennen filtrieren, oder besser: abgezogenen Fruchtwein verwenden, können beim Nachbrand kaum Fuselöle ausgekocht und mitdestilliert werden. Das bedeutet, daß der unangenehme Nachbrandgeschmack erst viel später auftritt. Beim Brennen eines filtrierten Fruchtweines ist die Mittelphase (Edelbrand) dementsprechend wesentlich länger und die Nachbrennphase anteilsmäßig kürzer als beim Brand einer »normalen« Maische mit den ausgelaugten Fruchtfleischresten, Schalenteilen und Kernen.

Der Rauhbrand und der Doppeltgebrannte

Werden herkömmliche Fruchtmaischen destilliert, so ist das Ergebnis ein Destillat mit geringer Alkoholstärke von etwa 30 bis 35%, also deutlich unter der Trinkstärke. Diesen Brand nennt man den Rauhbrand oder Lutter. Um einen höheren Alkoholgehalt zu erhalten, muß der Rauhbrand ein zweites Mal destilliert werden, das ist dann der doppeltgebrannte Schnaps. Die Trennung von Vorlauf, Edelbrand und Nachlauf erfolgt erst beim zweiten Brenngang.

Bei der Destillation von angesetztem Schnaps oder hochgegorener Maische mit Zuckerzusatz ist das Doppelbrennen nicht notwendig. Diese »Einfachgebrannten« haben ein deutlich kräftigeres und fruchtigeres Aroma als ein »Doppeltgebrannter«, da beim zweiten Brand viele Aromastoffe verlorengehen und beim, dann notwendigen, Herunterverdünnen auf Trinkstärke das Aroma gestreckt wird.

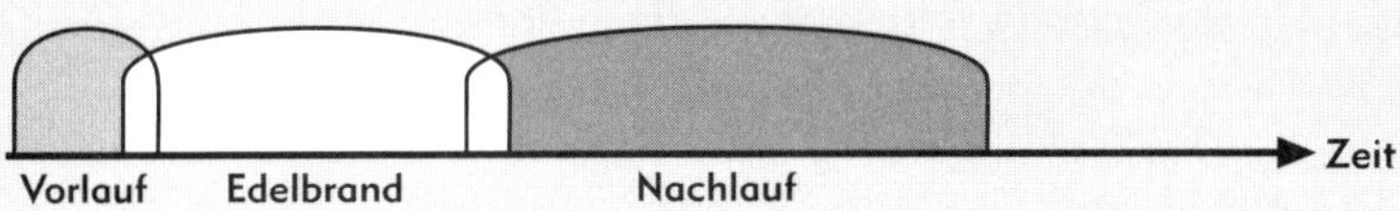

Das Brennprofil beim zweiten Brand einer herkömmlichen Maische

Wie bereits beschrieben, sind die jeweiligen Übergänge in den einzelnen Brennphasen wichtig. Wann eine Phase beginnt, hängt von der Menge des Brenngutes und von der Art der Maische selbst ab. Hier hilft nur ständiges Kosten, um den Zeitablauf eines speziellen Destillates kennenzulernen. Das heißt, um es immer wieder zu betonen, bei jedem neuen Produkt muß das Brennprofil neu erarbeitet werden.

Wir nehmen als Ausgangsmaterial einen guten, fruchtigen Wein mit einem Alkoholgehalt von etwa 11 vol%. Der Zuckergehalt ist nicht von Bedeutung, wohl aber der Geschmack, denn dieser findet sich im Destillat wieder.

Der Brennkessel wird zu etwa ¾ mit dem Wein gefüllt. Mehr sollte es nicht sein, denn es kann vorkommen, daß der Wein schäumt oder bei zu hoher Hitzezufuhr überkocht. Wenn dies passiert ist, muß die Apparatur sofort gründlich gereinigt werden, um Verstopfungen vorzubeugen. Bei verstopftem Kühler kann beim Erhitzen der Kessel explodieren. Dann werden die Kühlspirale und das Kühlwasser angeschlossen bzw. zugeleitet, und los geht's. Etwa 20 Minuten nach dem Einschalten der Heizung (volle Leistung) beginnt der Inhalt zu brodeln. Das ist der wichtige Moment, in dem man die Heizleistung sofort zurücknehmen muß, weil der Topf sonst überkocht. Bei vorsichtigem Wiederhochregeln muß mit Gefühl der Punkt gefunden werden, bei dem sich ein Gleichgewicht zwischen zugeführter und abgeführter Energie einstellt. Die richtige Temperatur ist erreicht, wenn ein leichtes Brodelgeräusch zu hören ist.

Etwas ganz Wichtiges haben wir noch zu tun: Unter den Auslaß des Kühlers stellen wir ein kleines Auffanggefäß für unseren ersten destillierten Alkohol (sprich Schnaps), welcher zuerst tropfenweise zögernd, dann immer kräftiger aus dem Rohr rinnt. Die Heizleistung sowie der Zu- und Abfluß unseres Kühlwassers sind jetzt so einzustellen, daß der kalte bis lauwarme Schnaps in einem dünnen Rinnsal aus dem Rohr fließt.

Beispiel: In 5 Liter Wein mit 11 % Alkoholgehalt ist A = 5 × 0,11 = 0,55 Liter reiner Alkohol enthalten. Wenn wir annehmen, daß diese Alkoholmenge von 0,55 Litern mit destilliertem Wasser auf eine Trinkstärke von 45 % verdünnt wird, ergibt sich aus 5 Litern Wein die theoretische Menge Weinbrand von:

$$W = \frac{A}{0{,}45} = \frac{0{,}55}{0{,}45} = 1{,}22 \text{ Liter}$$

Dies stimmt nur unter der Annahme, daß der gesamte Alkoholanteil ohne Verluste in hochprozentigen Weinbrand übergeführt wird. In der Praxis ist das aber leider nicht der Fall.

Das Brennprofil beim Brennen von Wein

Da käuflicher Wein praktisch keinen Methylalkohol enthält, ist die Vorlaufphase, wenn überhaupt vorhanden, extrem kurz. Das heißt in der Praxis, daß das erste herausrinnende Gläschen Schnaps verworfen wird. Die gesamte Brennphase besteht fast nur aus dem Edelbrand; die Nachbrennphase ist jetzt wesentlich kürzer als beim Brennen gewöhnlicher Maische, aber immer noch vorhanden. Auch hier muß man den, wenn auch kurzen, Nachlauf vom Edelbrand trennen. Die Edelbrand-Fraktion ist anschließend mit destilliertem Wasser auf Trinkstärke zu verdünnen.

Das Brennen von Wein mit Früchte- oder Kräuterzusatz

Werden dem Wein aromatische Früchte oder Kräuter zugesetzt, und wird dieser dann gebrannt, so findet sich der Geschmack der Beeren oder Kräuter im Destillat wieder. Es sollten aber keine Mischungen, sondern nur einzelne Fruchtarten zugesetzt werden, damit das typische Frucht-, Kräuter- oder Beerenaroma dominiert. Weißer Traubenwein hat sehr wenig Eigenaroma, so daß das zugesetzte Fruchtaroma im Destillat intensiv hervorschmeckt. Erfahrungen haben gezeigt, daß das Volumenverhältnis Frucht zu Wein etwa 1:4 sein sollte.

Besonders bewährt haben sich Himbeeren, Orangen oder Mandarinen. Bei frischen Kräutern sind Zitronenmelisse, Salbei, Wermut oder Enzianwurz zu empfehlen. Der Phantasie und der Experimentierfreudigkeit sind jedoch keine Grenzen gesetzt.

Das Brennen des Angesetzten

Die Basis für einen Angesetzten ist ein hochprozentiger, möglichst aromaarmer Schnaps. Er wird mit diversen Früchten oder Kräutern angesetzt, die ihm das Aroma verleihen. In den gekauften Alkoholika zum Ansetzen ist der Methylalkoholgehalt praktisch vernachlässigbar, denn qualitativ hochwertige Schnäpse dürfen praktisch keinen Methanol enthalten; hier existieren sehr strenge Lebensmittelgesetze. Außerdem kann sich beim Ansetzen von Früchten oder Kräutern kein neuer Alkohol bilden (weder Methyl- noch Ethylalkohol).

Beim Nachlauf verhält es sich ähnlich. Weil das Brenngut nicht durch Vergärung entstanden ist, gibt es im Angesetzten auch keine Fuselöle und abgestorbene Hefereste.

Vorbereitungen zum Brennen des Angesetzten:

1. Das Brenngut sollte vor dem Brennen auf eine Alkoholstärke von 20–25 %vol verdünnt werden. Zum Verdünnen verwenden wir möglichst destilliertes Wasser.

Wird nämlich z.B. 40%iger Alkohol destilliert, so entsteht ein sehr hochprozentiger Schnaps von mehr als 80 %vol. Um diesen auf Trinkstärke von 39–45 %vol herunterzuverdünnen, benötigt man sehr viel destilliertes Wasser. Durch die hohe Verdünnung wird aber der Aroma-Geschmacksgehalt sehr stark vermindert. Ziel unserer Arbeit ist es jedoch, einen Schnaps mit intensivem Aroma zu erzeugen. Beim Brand von 20- bis 25%igem Alkohol entsteht ein Destillat von etwa 65 %vol, welches mit wesentlich weniger destilliertem Wasser verdünnt werden muß. Außerdem haben wir dabei den Vorteil, daß der Hauptteil des Wassers vom Angesetzten selbst stammt, von dem ja die Aroma- und Geschmacksstoffe mitdestilliert werden.

2. Vor dem Brennen muß der Angesetzte filtriert werden (siehe Kapitel: »Filtrieren des Angesetzten«). Werden nämlich Früchte oder Kräuter gekocht, werden bei höheren Temperaturen unangenehme Geschmacksstoffe frei, welche durch das Zerkochen der festen Bestandteile (Schalen, ausgelaugtes Fruchtfleisch, Kerne etc.) entstehen. Das gewünschte Aroma der angesetzten Frucht ist aber bereits in der Flüssigkeit und nicht mehr in den ausgelaugten Fruchtresten enthalten; diese können also vor dem Brennen entfernt werden.

Das Brennprofil beim Brennen eines Angesetzten

Das Brennprofil sieht so ähnlich aus wie das von Weinbrand. Die Vorlaufphase ist extrem kurz (wenn sie überhaupt vorhanden ist). Das heißt in der Praxis, daß das erste herausrinnende Gläschen Schnaps sicherheitshalber nicht verwendet wird. Die gesamte Brennphase besteht fast nur aus dem Edelbrand; die Nachbrennphase ist sehr kurz, aber immer noch vorhanden. Auch hier muß man den, wenn auch kleinen, Nachlauf vom Edelbrand trennen. Anschließend darf man das Verdünnen auf Trinkstärke nicht vergessen.

Das Brennen der hochgradigen Maische

Nun kommen wir zur Königsdisziplin, dem Brennen der hochgradigen Maische oder des hochgradigen Fruchtweines. Da der Fruchtwein eine Stärke von etwa 16 %vol aufweist (wenn alles richtig durchgeführt wurde), erhält man schon beim ersten Brand einen mittleren Alkoholgehalt von etwa 62 %vol. Das bedeutet, daß wir nur einmal zu brennen brauchen und dann das Destillat mit destilliertem Wasser lediglich auf Trinkstärke herunterverdünnen müssen.

Merke: Wenn nur einmal gebrannt wird, schmeckt das Aroma des fertigen Schnapses viel intensiver nach der Ausgangsfrucht als beim Doppeltgebrannten.

Beim Brennen eines hochgradigen, filtrierten Fruchtweines ist die Mittelphase (Edelbrand) im Vergleich zum Brennprofil einer normalen Maische wesentlich länger und die Nachbrennphase entsprechend kürzer. Das heißt: Beim Brennen von filtriertem und abgezogenem Fruchtwein entsteht sehr wenig Nachbrand.

Das Brennprofil von hochgradigem Fruchtwein

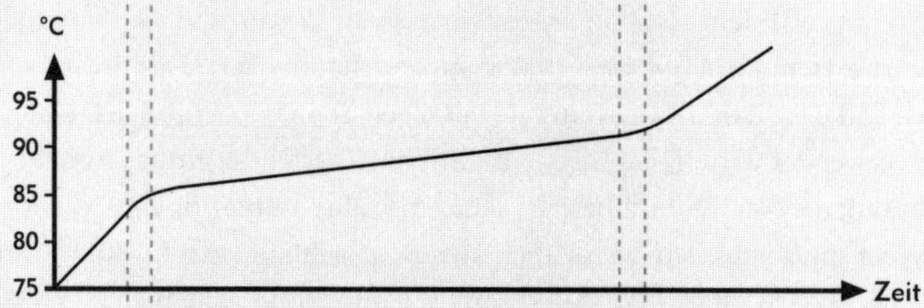

Verlauf der Dampftemperatur während des Brennens

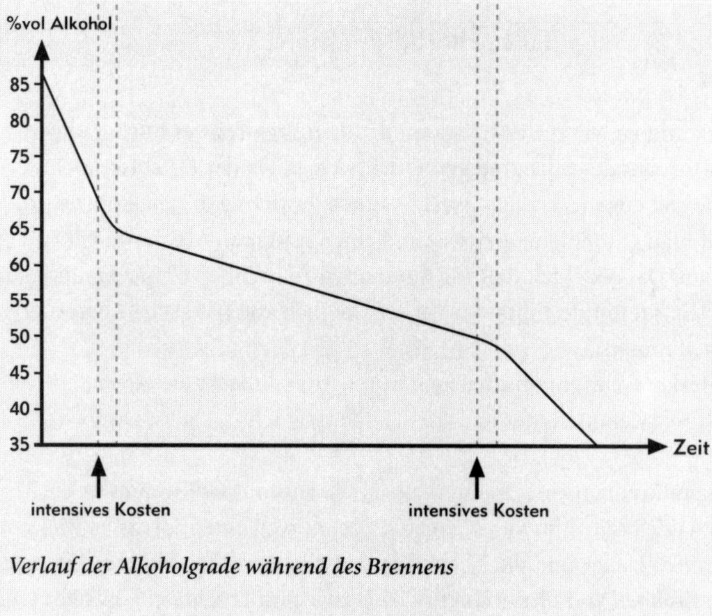

Verlauf der Alkoholgrade während des Brennens

Die Festlegung des Brennprofiles geschieht wieder einmal am einfachsten mit Hilfe unseres Geschmackssinnes, durch Kosten (aber nicht durch Trinken). Wenn gleichzeitig auch die jeweiligen Dampftemperaturen festgehalten werden, kann man diese bei den nachfolgenden Brennvorgängen gleichen Fruchtweines zur Bestimmung der Übergänge von Vor- auf Edel- und von Edel- auf Nachbrand sehr gut verwenden.

Jetzt bleibt uns nur noch die Vereinigung der jeweiligen Fraktionen und die Verdünnung des Edelbrandes mit destilliertem Wasser auf Trinkstärke.

Die Herstellung von hochprozentigem Wodka

Wenn in unseren Erzeugnissen ein unangenehmer Nebengeschmack (wie z.B. beim Nachbrand) vorhanden ist, kann dieser ausschließlich durch einen zweiten Brennvorgang mit Aktivkohlezusatz in Pulverform beseitigt werden.

Die nahezu vollständige Entfernung aller Geschmacks- und Duftstoffe (leider auch der angenehmen) erfolgt durch diesen weiteren Brennvorgang, bei dem das Destillat bzw. der Nachbrand zusammen mit einigen Gramm Aktivkohle (in Pulverform) ein zweites Mal (also doppelt) destilliert wird (3 Eßl. auf 10 Liter). Aktivkohle hat wegen ihrer sehr großen spezifischen Oberfläche viele sogenannte »aktive Zentren«, an welche vorwiegend Moleküle mit ungesättigten Verbindungen, wie sie beispielsweise auch in den großmolekularen organischen Aromastoffen vorhanden sind, physikalisch gebunden werden. Am anschaulichsten läßt sich dieser Adsorption genannte Vorgang mit einer magnetischen Nadelspitze erläutern. Die Dichte des Magnetfeldes und damit die Bindungskraft ist bei einer Magnetnadel nicht um den Körper, sondern an der Spitze am größten. Jedenfalls reicht die Kraft der aktiven Zentren aus, um den unerwünschten Aromastoff während des ganzen Kochprozesses an die Aktivkohle zu binden, so daß dieser sich nicht mehr verflüchtigen kann und im Kochsumpf verbleibt. Das Ergebnis ist ein hochprozentiger Alkohol ohne Geschmack, aber mit einer sehr runden Note – wie Wodka, der ja an sich nach nichts schmeckt.

Wir haben jetzt einen eigenen hochprozentigen Wodka (etwa 80 %vol) hergestellt. Diesen kann man mit destilliertem Wasser verdünnen und dem Edelbrand beimengen. Andererseits kann dieser hochprozentige, aber geschmacklose Schnaps sehr gut zum Ansetzen von Früchten oder Kräutern verwendet werden.

Was tun mit dem Vorlauf ?

Der giftige Vorlauf darf keinesfalls eingenommen werden. Einer äußerlichen Anwendung zum Einreiben bei Muskelschmerzen oder z.B. einem Tennisarm mit Vorlauf und angesetztem Johanniskraut oder Arnika werden allerdings wahre Wunder nachgesagt.

Man kann sich auch einen eigenen Franzbranntwein oder noch besser ein Franzbranntweingel (herrlich nach der Sauna) herstellen.

Franzbranntwein

Vorlauf 40%, Franzbranntweinursubstanz aus der Apotheke

Gegen: Hexenschuß, müde Füße, Tennisarm

Franzbranntweingel

6 g Carbopol 940 (Zellulose, quillt), 16 g Triethanolamin, 1000 g Spititus vini oder Vorlauf 40 vol%, 10 g Menthol, 10 Tropfen Lavendelöl, 10 Tropfen Eukalyptusöl.

Den Vorlauf zunächst auf 40% verdünnen.

In 0,1 Liter Vorlauf das Carbopol einstauben, 24 Stunden quellen lassen, danach den Triethanol, den restlichen Alkohol, Methanol, Lavendel und Eukalyptus dazugeben, gut durchrühren und in kleine Salbendöschen oder kleine flache Marmeladengläschen abfüllen.

Wie immer mit einem schönen Etikett versehen – und fertig.

X. Liköre und in Alkohol eingelegte Früchte

Liköre

Likör paßt gut zu Süßspeisen oder zum Nachtisch, um die Verdauung anzuregen. Duftende, bunte Liköre zum Kaffee, Kräuterliköre und Eierliköre werden meist mit 95%igem Weingeist angesetzt. Man kann aber auch hochprozentigen Kornbranntwein, Weinbrand, Gin usw. verwenden, dessen Eigenaroma allerdings durchschlägt. Das Prinzip bei der Likörherstellung ist immer dasselbe: Aromatische Rohstoffe werden mit Zucker und hochprozentigem Alkohol vermengt und in die Sonne oder in die Nähe des Herdes gestellt. Nach einiger Zeit nimmt die Zucker-Alkohol-Flüssigkeit die Farbe und den Geschmack der Früchte, Beeren und Kräuter an. Wenn es soweit ist, wird alles durch ein in einen Trichter gelegtes Filterpapier in Flaschen filtriert, die Flaschen werden gut verkorkt, versiegelt und gelagert. Man legt die Korken zuerst in Wasser, läßt diese dann trocknen und versiegelt nach einigen Tagen. So ist die Flasche luftdicht verschlossen; ansonsten verliert der Inhalt an Aroma.

Eierlikör, Eierweinbrand

Hier zwei Familienrezepte zur Auswahl:

Erste Variante: Man braucht: 5 Eidotter, 1 Päckchen Vanillezucker, 0,4 l Sahne, 0,8 l Milch, 250 g Zucker, 0,8 l Weingeist und etwas Muskatnuß.

Die Dotter werden mit Vanillezucker gut verrührt und mit etwas geriebener Muskatnuß gewürzt. Dann werden die mit Milch verdünnte Schlagsahne und der Weingeist langsam dazugerührt. Man füllt alles in eine Flasche und läßt diese verkorkt lagern. Nach drei Monaten ist der Eierlikör trinkfertig.

Eine andere Variante: Man braucht dazu: 4 Eidotter, 200 g Zucker, 1 Vanillestange, 0,4 l Milch, 0,4 l Weingeist.

Man schlägt die Dotter mit dem Zucker schaumig, rührt Milch und Weingeist darunter, würzt mit der abgeriebenen Vanillestange und lagert in verkorkten Flaschen im Keller.

Medizinischer Eierlikör

Dieser Eierlikör ist als Hausmittel zur Stärkung schwächlicher, rekonvaleszenter Personen sehr geeignet. Man trinkt davon dreimal täglich vor den Mahlzeiten ein Likörgläschen voll.

6 frische Eier waschen und abtrocknen, in ein sauberes Glas legen und mit dem Saft von ca. 7 Zitronen begießen. Der Zitronensaft muß die Eier bdecken. Dann stellt man das Glas fünf Tage lang an einen dunklen Ort. Danach haben sich die Eier mit den Schalen aufgelöst, und an der Oberfläche hat sich Schaum gebildet, den man vorsichtig entfernt. Dann werden die Eier mit einem Löffel geschlagen und vier Stunden stehengelassen. Man filtriert die Flüssigkeit und mengt 500 g Zucker und 2 l feinen Branntwein (Weinbrand oder Kirsch) darunter, verkorkt die Flasche und lagert sie an einem kühlen Ort.

Likör von jungen Tannen- oder Fichtentrieben

Aus jungen, hellgrünen Tannen- oder Fichtentrieben, die man im Mai sammelt – in Österreich heißen sie Maiwipferl – kann man sowohl Sirup als auch Tinktur oder Likör herstellen.

Die Tinktur (man setzt die Triebe wie bei allen Tinkturen in Alkohol an) gibt man z.B. dem Badewasser bei.

Den Sirup verabreicht man Kindern, wenn sie husten. Aber man kann ihn auch mit Mineral- oder Sodawasser aufgießen oder alkoholischen Getränken beimengen, z.B. dem Schnaps. Man sammelt die Triebe im Frühjahr im Wald. Man nimmt sie von den unteren Ästen der Bäumchen, das schadet ihnen nicht. (Nicht vom Wipfel wegnehmen, das behindert das Wachstum.) Dem Sirup sagt man wohltuende Wirkung bei Atemwegserkrankungen nach. Er ist aber auch Basis für verschiedene Süßspeisen und Getränke. Man kann ihn z.B. mit Mineralwasser spritzen und einen Schuß Zitrone dazugeben.

Das Rezept für den Sirup: 1 l Wasser, 2 kg Zucker, 10 Zitronenscheiben, 600 g Tannen- oder Fichtentriebe.

Die zartgrünen jungen Tannentriebe in Einmachgläser füllen. Wasser und Zucker mit den Zitronenscheiben aufkochen, abkühlen lassen und ohne Zitronenscheiben über die Tannentriebe gießen. Gläser mit der Flüssigkeit randvoll füllen, gut verschließen und 14 Tage an die Sonne stellen. Anschließend den Sirup durch ein Tuch seihen, in Flaschen abfüllen und kühl aufbewahren.

Junge Tannen- oder Fichtentriebe kann man in Birnen- oder Apfeltresterbranntwein ansetzen. Man gibt die Triebe in ein großes Glas und vermischt sie mit Branntwein, so daß sie ganz bedeckt sind. Man stellt das Glas 14 Tage in die Sonne und schüttelt es hin und wieder durch. Danach läßt man es weitere 14 Tage im Keller ruhen. Durch ein Nesseltuch passieren, in Flaschen abfüllen, mit der gleichen Menge Zuckersirup vermengen und gut verschließen.

Man kann die jungen Triebe auch schichtweise mit Kristallzucker bedecken, dann mit dem Alkohol übergießen und drei Wochen in der Sonne stehenlassen und anschließend durchseihen. Dieser Likör ist bei leichten Erkältungen zu empfehlen. Wenn man diesen Angesetzten brennt, erhält man einen vorzüglichen, nach »Alpen« duftenden Schnaps.

Erdbeerlikör

In eine große helle Glasflasche füllt man 500 g sehr reife Walderdbeeren, streut 250 g Zucker darüber und gießt 2 l Weingeist dazu. Dann verkorkt und versiegelt man die Flasche und läßt sie unter täglichem Schütteln drei bis vier Wochen an der Sonne oder in Herdnähe stehen. Schließlich filtriert man den Inhalt in Flaschen, verkorkt und versiegelt sie.

Heidelbeerlikör, schwarzer Johannisbeerlikör

1 kg Beeren werden mit 2 l Weingeist in einer großen Glasflasche angesetzt, verkorkt, versiegelt und zwei Monate in der Sonne stehengelassen. Öfter

schütteln. Dann übergießt man sie mit gesponnenem, ausgekühltem Zucker (1 kg Zucker auf 2 l Wasser), läßt das Ganze nochmals vier Wochen an der Sonne verkorkt und versiegelt stehen. Anschließend filtriert man.

Gesponnenen Zucker erhält man, wenn man geläuterten Zucker (Zucker läutert man, indem man 1 kg Zucker in 2 l Wasser auflöst, zum Kochen bringt und den sich dabei bildenden Schaum abschöpft) genügend lange weiterkochen läßt und der aus der Lösung zwischen zwei Fingern gezogene Faden nicht zerreißt.

Himbeerlikör

1,5 kg Himbeeren füllt man in eine große Glasflasche und übergießt sie mit 1 l Weingeist, verkorkt und versiegelt die Flasche und stellt sie an die Sonne. Man schüttelt öfter auf. Nach 4 Wochen seiht man den Alkohol und die Beeren durch ein Tuch. 500 g Zucker wird mit ½ l Wasser geläutert und erkaltet mit dem Himbeeralkohol vermischt. Dann filtriert man die Flüssigkeit durch Filterpapier und füllt in Flaschen ab, die man versiegelt und verkorkt.

Nußlikör

30 grüne Nüsse werden geviertelt und mit 1 l Weingeist übergossen. 500 g Zucker und 2 l Wasser werden gesponnen (Erklärung siehe oben) und dazugegeben. Dazu kommen noch 2 Zimtstangen, 1 Kalmus- und 1 Enzianwurzel sowie eine ungespritzte, mit den Schalen in Stücke geschnittene Orange. Man verschließt die Flasche gut und stellt sie fünf Wochen an die Sonne. Danach kann man den Likör filtrieren. Die übriggebliebenen Nüsse geben, in Zuckerwasser gekocht, sehr gutes Kompott ab.

Schlehenlikör

Man bereitet den Schlehenlikör auf die übliche Weise zu, indem man Schlehen, die nach dem ersten Frost geerntet wurden, mit einer Nadel oftmals einsticht, mit Weingeist und den Gewürzen (wie beim Nußlikör) sechs Wochen an der Sonne stehenläßt, mit gesponnenem Zucker mischt und filtriert.

Variationen für aromatische Liköre

Man setzt sie u.a. mit folgendem an: Wacholderbeere (zerquetschte Beeren mit Zucker und Kornbranntwein); Zitronenmelisse (Melissenblätter mit Zucker und Kirschwasser); Fichten-, Tannenspitzen (1 Handvoll Spitzen mit Zucker und Wacholderschnaps); Hagebutten (sehr reife, geputzte, halbierte

Hagebutten mit Zucker und Kirschwasser); Rosen (duftende Rosenblätter mit Zucker und Kornbranntwein oder Kirschwasser, Zimtstange und Korianderkörner als Gewürz); Kalmus und Engelwurz (getrocknete Kalmuswurzeln, fein geschnitten, Engelwurz fein geschnitten mit Branntwein ansetzen und mit gesponnenem Zucker nochmals stehenlassen); Kümmel oder Kümmel mit Anis (mit Zucker und Kornbranntwein).

Kümmellikör

Zutaten: 70 g Kümmelsamen, 100 g Zucker, 1 l Obstbranntwein oder Alkohol.

Alle Zutaten in ein Glas geben. Gut verschließen und 10 bis 12 Tage an die Sonne stellen. Anschließend durch einen Kaffeefilter abseihen und in Flaschen abfüllen. Kümmellikör empfiehlt sich nach einem üppigen Essen.

Kräuterlikör nach Apothekerart

Zutaten: 2 Angelikawurzeln, 1 g Koriander, 1 g Kardamom, 1 g Oregano, 1 g Quendel, 2 g Piment, 2 g Ingwer, 2 g Ackerminze, 2 g Kamille, 2 g Pfefferminze, 3 g Fliederblüten, 5 g Orangenschale, 3 g Zitronenschale (beides fein abgerieben), 2 g Wacholderbeeren, 2 g Kümmelsamen, 15 g Anissamen, 1 l Alkohol, mit destilliertem Wasser auf 45 vol% verdünnt, 1,3 kg Zucker.

Die Kräuter und Gewürze mit dem Alkohol und dem Zucker vermengen. Gut rühren, bis sich der Zucker aufgelöst hat. Das Gemisch in eine große Flasche gießen und 14 Tage an die Sonne stellen. Anschließend durch ein Tuch oder einen Kaffeefilter abseihen und in Flaschen abfüllen. Ergibt 2,4 l Likör.

Vanillelikör

Zutaten: 5 Vanilleschoten, 150 g weißer Kandiszucker, 7 dl Birnenschnaps oder Obstler.

Die Vanilleschoten mit einem scharfen Messer der Länge nach aufschlitzen. Kandiszucker im Birnenschnaps oder im Obstler auflösen. Alles zusammen in eine passende Flasche geben und etwa 14 Tage ziehen lassen. Jeden zweiten Tag kräftig schütteln. Den fertigen Likör durch ein Sieb gießen, in die Flasche zurückgeben und gut verschließen. Kühl servieren.

Winterkräuterlikör

Zutaten: 1 TL Fenchelsamen, 1 TL Anissamen, 1 TL Wacholderbeeren, 1 TL Koriander, 5 Gewürznelken, 1 Zimtstange, 2 TL Kümmel, 180 g Kandiszucker, 7 dl Kornbranntwein (38 bis 40 vol%).

Alle Zutaten in eine passende Flasche einfüllen. Gut verschließen und etwa 7 Wochen an die Sonne stellen. Während dieser Zeit öfter schütteln. Durch Filterpapier seihen, zurück in die Flache geben und wieder verschließen. Kühl servieren.

Gewürzlikör

Zutaten: 3,5 g Zimtstange, 2,1 g Ingwerpulver, 1,1 g Galantwurzel, 1,1 g Nelken, 0,4 g Pfefferschoten, 0,4 g Muskat, 0,2 g Safran, 53 g Zucker, 1 l Obstbranntwein (41 vol%).

Alle Zutaten 24 Stunden ziehen lassen. Dann filtrieren und in Flaschen abfüllen. An einem kühlen Platz ruhen lassen. Nach drei Wochen ist das Lebenswasser trinkbereit.

Johannisbeerlikör

Zutaten: 150 g schwarze Johannisbeeren, 150 g weißer Kandiszucker, 1 Vanillestange, 1 l Klarer (Wodka oder Korn).

Die entstielten und gut gereinigten Johannisbeeren werden mit dem Zucker und der aufgeschnittenen Vanillestange in Flaschen gegeben und mit dem Alkohol übergossen. Sechs bis acht Wochen ziehen lassen. Filtrieren, auf Flaschen ziehen und ruhen lassen.

Aprikosenlikör

25 reife (!) Aprikosen, 250 g Zucker, 4 Nelken, 1 Zimtstange, 1 l Klarer.

Die Aprikosen werden entkernt und zusammen mit den im Mörser zerstampften Kernen in eine Flasche gegeben. Zucker und Gewürze hinzufügen und den Alkohol darübergießen. 3 Wochen an einem warmen Ort stehenlassen und häufig schütteln. Filtrieren, auf Flaschen ziehen und ruhen lassen.

Pfirsichlikör

Zutaten: 250 g frische Pfirsichsteine von reifen weißen Pfirsichen, 8 g zerstoßene Nelken, 1 Prise Kardamom, 1 kg Zucker, 2 l Wasser, 2 l Klarer.

Man klopft die frischen Pfirsichsteine auf und zerquetscht sie ein wenig. Dann gibt man sie in den Alkohol und läßt die Mischung vier Wochen an einem warmen Ort stehen. Nelkenpulver und Kardamom dazugeben, gut schütteln und nach einmal 8 Tage warm stehenlassen. Den Zucker in dem Wasser läutern und zu dem Alkohol geben. Filtrieren, auf Flaschen ziehen und ruhen lassen.

In Alkohol eingelegte Früchte

Der Brauch, Früchte in Alkohol einzulegen, ist fast so alt wie die Alkoholherstellung selbst. Jeder hochprozentige Alkohol, wie Rum, Weingeist oder Obstler ab 50 vol%, ist dazu geeignet, Früchte in ihm einzulegen. Der Phantasie sind keine Grenzen gesetzt. Eingelegte Früchte schmecken sowohl zu Fleischspeisen als auch zu Eis (z.B. eingelegte Pflaumen zu Zimteis).

Rezepte für in Alkohol eingelegte Früchte

Rumtopf

Gefäße für Rumtöpfe werden im Handel angeboten. Es genügt aber jeder saubere, hübsche Steinguttopf oder ein großes Glas; beide brauchen einen Deckel. In diesen Topf gibt man nun während des ganzen Jahres abwechselnd Früchte, Zucker und Rum, so lange, bis die Fruchternte zu Ende und der Topf voll ist. Man kann echten Rum oder verschnittenen Rum verwenden, er sollte jedoch mindestens 56%ig sein. Wieviel Zucker man jeweils auf die Lagen von Beeren und Obst streut, ist Geschmackssache; nimmt man die gleiche Zucker- und Fruchtmenge, wird der Rumtopf recht süß. Die Früchte sollen entstielt sein – haben sie eine dicke Haut, zieht man sie ab. Kirschen kann man mit den Steinen einlegen. Aprikosen (Marillen) und Pfirsiche sollten entsteint werden. Erdbeeren sollten nicht fehlen (sie sind die ersten Früchte, die in den Topf kommen), dann Weichseln (Sauerkirschen), Zwetschgen (Pflaumen), Himbeeren und gute Birnen. Wenn man ab und zu ein paar Nüsse beimengt und wäßrige Früchte meidet, dann kann nichts schiefgehen. Die Früchte sollten immer gut mit Rum bedeckt sein. Nach Befüllung verschließt man den Topf mit Cellophan und dem Deckel so lange, bis die nächsten Früchte, Zucker und Rum dazukommen. Der Rumtopf sollte seinen Platz in der kühlen Speisekammer oder im Keller haben und immer an Ort und Stelle eingefüllt werden. Nicht vor Weihnachten davon essen – die Früchte sollen lange genug ziehen dürfen.

Eingelegte Datteln

250 g Datteln, 2 Zimtstangen, 1 Prise Kardamom, Schale einer Orange, Schale einer Zitrone, 50 g Puderzucker, 2,5 dl weißer Rum.

Die Datteln mit oder ohne Kern in die Gläser schichten. Gewürze, Orangen- und Zitronenschalen gleichmäßig darüber verteilen. Rum und Puderzucker vermischen, die Gläser damit auffüllen, verschließen und gut durchschütteln. Vor dem Verzehr mindestens 2 bis 3 Wochen kühl aufbewahren. Eingelegte Datteln schmecken ausgezeichnet zu Kaffee und Tee. In hübsche Gläser eingeschichtet, mit einem originellen Etikett versehen und einem schönen Band dekoriert sind sie ein sehr persönliches Weihnachtsgeschenk.

Feigen in Cognac

Zutaten: 250 g getrocknete Feigen, 3 Gewürznelken, 2 Zimtstangen, 1 Vanilleschote, längs halbiert, 2 Orangen, Schale dünn abgeschält, 2 Zitronen, Schale dünn abgeschält, 3 dl Cognac, 50 g Puderzucker.

Die Feigen in etwa 1 cm große Würfel schneiden und mit den Gewürzen locker in ein Glas füllen. Die Schalen der Zitrusfrüchte kurz in kochendem Wasser brühen. Gut trocknen und abkühlen lassen, dann zu den Feigen geben. Den Cognac mit dem Puderzucker mischen. Das Glas damit auffüllen und verschließen. Schon nach sechs Tagen kann man die Feigen, auf kleine Spießchen aufgesteckt, zum Kaffee oder Tee genießen – eine Delikatesse!

Aromatisierter Wodka

Zutaten: 1 Flasche Wodka, Schale von 1 Zitrone, Schale von 2 Apfelsinen, 250 g entsteinte Backpflaumen, 1 Handvoll Pfefferminzblätter, 1 Stange Zimt.

In den Wodka gibt man die übrigen kleingeschnittenen Zutaten und läßt sie an einem sonnigen Ort sechs bis acht Wochen stehen und ziehen. Häufig umschütteln. Filtrieren und auf Flaschen ziehen. Nach 14 Tagen erneut filtrieren. Dieser Wodka schmeckt schon jetzt, gewinnt aber durch längeres Lagern. Er ist ein wohlschmeckender (nicht heilkräftiger) Kräuterschnaps.

Ananas aphrodisisch

Frische Ananas gelten als aphrodisische Früchte. Südamerikanische Männer essen sie zu diesem Zweck mit einer Prise Chilipulver. Frauen empfiehlt man, frische Ananasstücke in ein Glas mit weißem Rum einzulegen und das Gemisch in der Sonne ziehen zu lassen. Danach seiht man den Schnaps durch und süßt mit etwas Honig.

XI. Brennanlagen

Bauanleitung einer Brennanlage auf dem E-Herd

Es ist einfacher, als man denkt, eine Brennanlage zu bauen. Zunächst brauchen wir einen E-Herd mit einer Temperaturregelplatte, damit wir die Temperatur genau einstellen können. Es geht natürlich auch ein Gasherd, aber dessen Regelung muß sehr fein sein. Ist die Temperatur zu niedrig, entsteht kein Dampf. Ist sie zu hoch, kocht die Maische über. Außerdem benötigen wir eine Frischwasserzufuhr zur Kühlung des Dampfes und einen Wasserabfluß.

Das Herzstück ist ein Druckkochtopf mit möglichst großem Fassungsvermögen. Dieser sollte aus Edelstahlmaterial oder auf der Innenseite emailliert sein. Aluminium ist nicht zu empfehlen, da der heiße Alkoholdampf sehr aggressiv ist und das Metall angreift, wodurch eine Geschmacksveränderung auftritt.

Das Ventil des Druckkochtopfes wird abgeschraubt und die Öffnung mit einem Naturkorken abgedichtet. Gummi- oder Plastikstopfen sind nicht geeignet, denn sie setzen durch den heißen Alkoholdampf Geschmacksstoffe frei, welche zu einem äußerst unangenehmen Beigeschmack führen; das Destillat ist dann nicht mehr zu gebrauchen.

In den Korken wurde vorher ein Loch gebohrt, in welches man ein Kupferrohr mit etwa 15 mm Durchmesser gesteckt hat. Es besteht aus weichem Kupfermaterial, wie es für Wasser- oder Heizungsinstallationen verwendet wird.

Das Kupferrohr wird vor dem Zusammensetzen U-förmig gebogen und mit der spiralförmigen Kühlschlange (ebenfalls aus Kupferrohr) verlötet oder mit Hilfe eines gasdichten Schraubverschlusses aus Messing oder Edelstahl verbunden.

Die Kühlspirale wird dann in einen 10-Liter-Plastikeimer eingebaut, durch welchen dann das Kühlwasser mittels eines Zu- und Abfuhrschlauches strömen kann.

Keinesfalls Kunststoff- oder Gummiverbindungen verwenden, da diese an den Dampf Geschmacks- und/oder Geruchsstoffe abgeben können.

Als Ausgangsmaterial für die Kühlspirale ist ein weiches Kupferrohr zu verwenden, das mit der Hand gebogen werden kann. Damit kein Knick entsteht, verwendet man eine sogenannte Biegefeder oder füllt das Kupferrohr vor dem Biegevorgang mit feinem Sand.

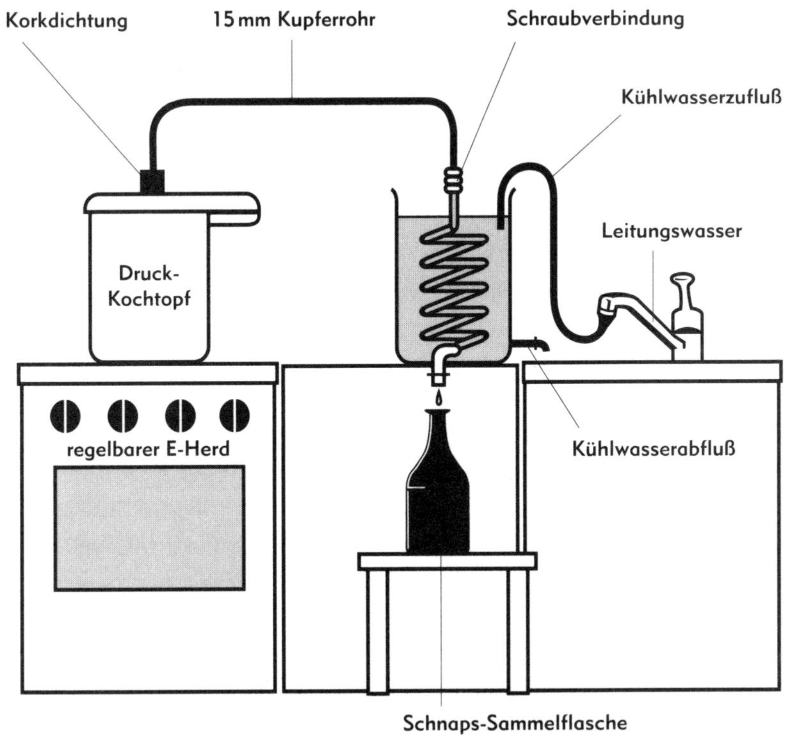

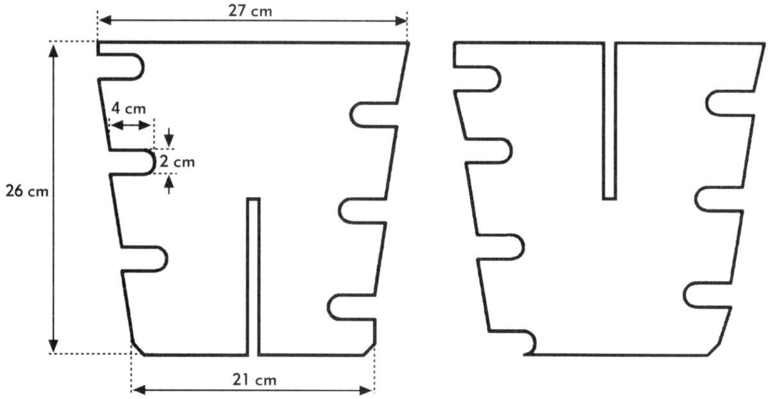

Stützkreuz für Kupferkühlspirale

Die Spirale kann man leicht selbst herstellen, wenn man zwei Holz- oder Kunststoffplättchen mit der Innenkontur eines Plastikeimers anfertigt. An den Außenkanten der Plättchen werden in entsprechenden Abständen Schlitze für die Aufnahme des Kupferrohres eingesägt. Die beiden Plättchen werden dann kreuzförmig ineinandergesteckt. So entsteht eine Montagevorrichtung und gleichzeitig der spätere Träger für die Kupferspirale im Plastikeimer.

Das mit Sand gefüllte Kupferrohr wird entsprechend der Spiralform in den Schlitzen zu einer Spirale gebogen. Zwischen Rohr und Eimerwand sollte wegen der besseren Kühlwirkung mindestens ein Abstand von 3 cm eingehalten werden.

Die nun so entstandene Kühlspirale bleibt gleich auf dem Träger und kann jetzt leicht in den Eimer montiert werden. Dazu wird an der unteren Seite des Plastikeimers ein 15 mm großes Loch gebohrt, durch welches der untere Ausflußteil der Kühlspirale gesteckt wird. Die Durchtrittsstelle wird dann beidseitig mit Silikonmasse abgedichtet. Das obere Ende der Spirale wird mit dem U-förmigen Verbindungsrohr zum Druckkochtopf (jetzt Brennkessel) verschraubt oder verlötet. Dann schließen wir den Kühlwasserzu- und Abfluß an, reinigen die Kühlspirale erst mit heißer Sodalösung, danach mit klarem Leitungswasser, und fertig ist unsere Destillieranlage.

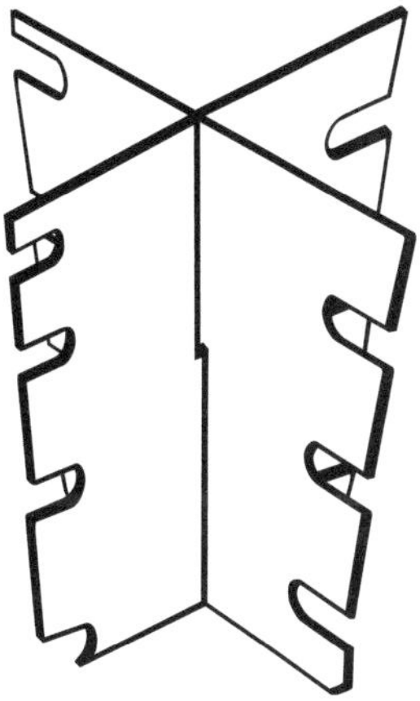

Zusammengestecktes Stützkreuz

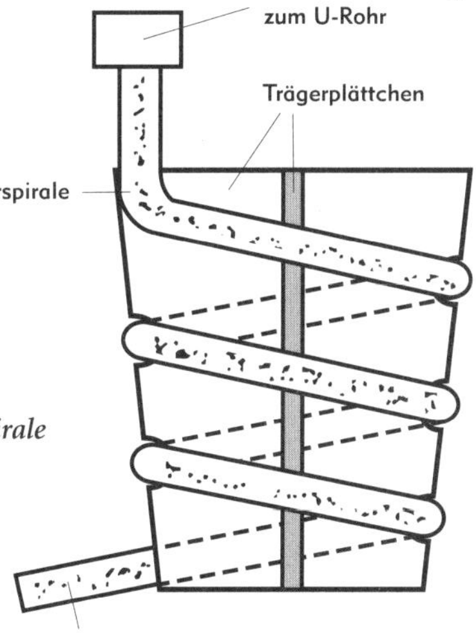

Stützkreuz mit Kupferkühlspirale

Achtung: Bei allen Apparaturen (selbstgebaut oder gekauft) muß der Ausfluß zum Druckausgleich nach außen **offen** bleiben. Die Vorlage (Schnapssammelflasche) darf **nie** mit dem Ausfluß luftdicht verbunden werden, da die gesamte Apparatur dann geschlossen wäre und beim Erhitzen wegen der Luftausdehnung **explodieren** würde.

Um Aromaverluste zu vermeiden, sollte der Ausfluß jedoch in den Hals der Sammelflasche gesteckt werden.

Kessel

Statt des Druckkochtopfes kann man auch größere Nirosta-Kessel mit einem Inhalt von z.B. 25 oder 40 Liter verwenden. Als Heizung baut man sich z.B. die Heizspirale einer Waschmaschine mit einer Heizleistung von 2–3 kW ein. Die Heizleistung läßt sich mit einer elektronischen Heizleistungsregelung, ähnlich dem Dimmer-Regler (z.B. zur Glühlampenhelligkeitsregelung) kontinuierlich regeln, damit der Kessel nicht überkochen kann. Die Regelung kann in jedem Elektronikfachgeschäft gekauft werden.

Eine andere sehr einfache Möglichkeit ist die Verwendung von Propangas mit einem geeigneten Propangasbrenner, den man ganz einfach unter den Brennkessel stellt. Die Gasflamme muß allerdings sehr fein regulierbar sein. Größere Gasbrenner bekommt man bei Gasfirmen, welche Gasflaschen und deren Zubehör verkaufen oder vermieten.

Es gibt auch emaillierte Kochtöpfe zum Einkochen von Marmelade oder Obst mit einem Fassungsvermögen von 25 Liter und mehr. Einige Ausführungen haben im unteren Teil schon eine fein regelbare elektrische Heizung eingebaut. Allerdings muß man sich dann das Oberteil selbst dazubasteln.

In jedem Fall ist zu beachten, daß man bei Kesseln ohne Wassermantel zum Destillieren nur filtrierte Flüssigkeiten verwendet. Ansonsten können Kräuter- oder Fruchtteile an der Heizspirale oder am Kesselboden anbrennen und dann einen sehr unangenehmen Geschmack ergeben.

Oberteil

Bei kleineren Brennmengen – wie in unserem Fall – kann man sich auch die Vorteile eines Chemielabors zunutze machen und den Dampfdom sowie den Kühler ganz aus Glas fertigen bzw. kaufen. »Gläserne« Kühlsysteme wurden mit sehr gutem Erfolg bei selbstgebauten Brennanlagen mit einem Kesselinhalt von 25 und 40 Liter eingesetzt. In der Chemie wird schon seit Jahrhunderten destilliert und gekühlt, wobei immer auf größte Reinheit und Sauberkeit geachtet wurde. Diese Technologie können wir auch für unseren Brennvorgang anwenden. Der Vorteil dieser Methode ist, daß wir uns praktisch alle notwendigen Einzelteile in einem Geschäft für Laborbedarf fertig kaufen können.

Warum Glas?

Glas hat mehrere positive Eigenschaften:

- Es ist praktisch gasdicht.
- Es läßt sich gut bearbeiten bzw. verformen.
- Es ist für unseren Anwendungsfall temperaturbeständig.
- Es ist chemisch inert, d.h., es nimmt keine Geruchsstoffe auf, gibt keine ab und geht praktisch keine chemischen Verbindungen ein. Glas ist also äußerst stabil; diese Eigenschaft wird dann auch für die spätere Langzeitlagerung genutzt.
- Die verschiedenen Glaseinzelteile einer chemischen Apparatur haben an ihren Enden jeweils einen Konus aus Normschliff und können dadurch wie in einem Baukastensystem ohne Dichtungsmaterial beliebig zusammengesetzt werden. Beim Zusammenbau der einzelnen Glaskomponenten mit Konus und Normschliff genügt lediglich ein ganz klein wenig Schliffett (aus Silikon), und die Verbindungsstellen sind praktisch gasdicht.
- Wegen der Durchsichtigkeit des Glases sieht man immer, was im Inneren vor sich geht.

Die Herstellung des Dampfdomes

Zuerst bohren wir in den Nirosta-Deckel des Kessels ein Loch mit einem Durchmesser von ca. 30 mm. Dann besorgen wir uns einen Glasrundkolben mit z.B. 500 ml Fassungsraum und einem Normschliffkonus von NS 29. An der Unterseite des Kolbens schleifen wir mit einem Bandschleifer (Körnung 100) ganz vorsichtig ein Loch (Vorsicht vor Überhitzung, sonst springt der Kolben; zwischendurch immer langsam auskühlen lassen). Dieses Loch erweitern wir nun mit einer feinen Rundfeile auf einen Durchmesser von ca. 30 mm. Man kann sich das Loch auch von einem Glasbläser anfertigen lassen. Danach verkleben wir den Deckel und den Rundkolben mit flüssiger Silikonmasse aus der Tube. Dieses Material hält die Brenntemperatur aus und ist chemisch ebenfalls sehr resistent, d.h., es werden nach der Aushärtung praktisch keine Geschmacksstoffe mehr frei. Dann lassen wir das Ganze etwa zwei Tage aushärten. Einen Auslaß verkleben wir dann mit Hilfe von Sanitärsilikon mit dem Kesseldeckel. Es gibt auch Glasrundkolben mit zwei gegenüberliegenden Auslässen zu kaufen.

Jetzt brauchen wir noch ein Umlenkrohr (oder zusätzlich einen Destillationsaufsatz mit Thermometer), einen Intensivkühler, und fertig ist unsere Glasapparatur. Zweckmäßigerweise montieren wir noch rund um den Kolben vier Befestigungsdrähte vom unteren Rand des Schliffes zum Deckel, damit bei späterer Belastung durch den angeschlossenen Kühler die Silikonmasse nicht losreißt. Wenn man ganz auf Nummer Sicher gehen will, kann der Intensivkühler mit einer Klemme und einem Stativ zusätzlich abgestützt werden, damit das Gewicht des mit Wasser gefüllten Kühlers nicht auf den Rundkolbenhals bzw. die Silikonverklebung drückt.

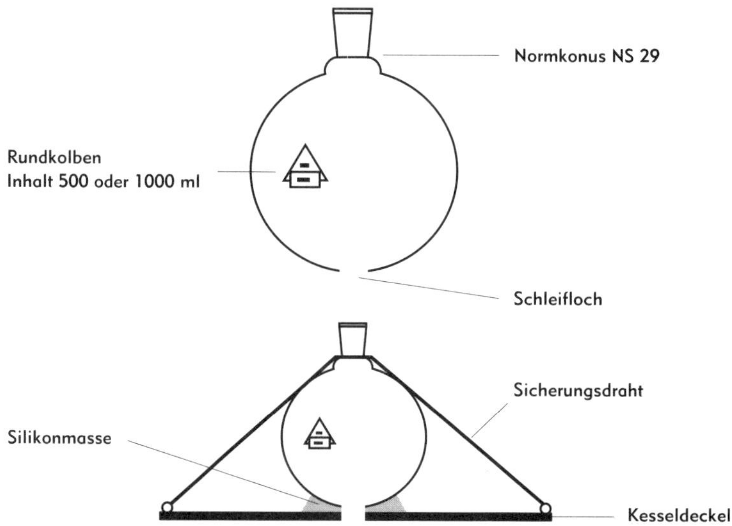

Beim Intensivkühler werden Außenmantel und Innenspirale gekühlt; das erhöht die Kühlwirkung. Das Kühlwasser muß den Intensivkühler immer von unten nach oben durchströmen, so daß im Kühlermantel keine Luftblasen entstehen. Durch Luftblasen wird das Glas an dieser Stelle nicht mehr richtig gekühlt, wodurch es sich erwärmt und somit im Glas Temperaturspannungen entstehen, die Sprünge verursachen oder im schlimmsten Fall den Kühler zum Bersten bringen.

Das durchsichtige Glas zeigt, wo der Alkoholdampf abgekühlt wird und in flüssigen Schnaps übergeht. Diesen Effekt nutzen wir auch gleich zur optimalen Einstellung unseres Abkühlvorganges mittels Regelung der Heizleistung und Kaltwassermengenzufuhr. Die Anlage ist richtig eingestellt, wenn der herausrinnende Schnaps eine lauwarme bis kalte Temperatur hat.

Falls die Maische beim Brennvorgang zu schäumen beginnt, können wir das durch den gläsernen Dampfdom sofort sehen. Damit die Maische nicht in den Kühler überkochen kann, haben wir durch das Raumvolumen des Dampfdomes einen zusätzlichen Sicherheitspuffer (daher empfehle ich eher den Einsatz eines 1000-ml-Rundkolbens). Beginnt die Maische überzukochen oder stark zu schäumen, regelt man sofort die Heizleistung entsprechend. Sollte die Maische dennoch überkochen, ist deutlich ersichtlich, ob und, falls ja, wo die Apparatur verstopft ist. Nach gründlicher Reinigung kann der Brennvorgang fortgesetzt werden.

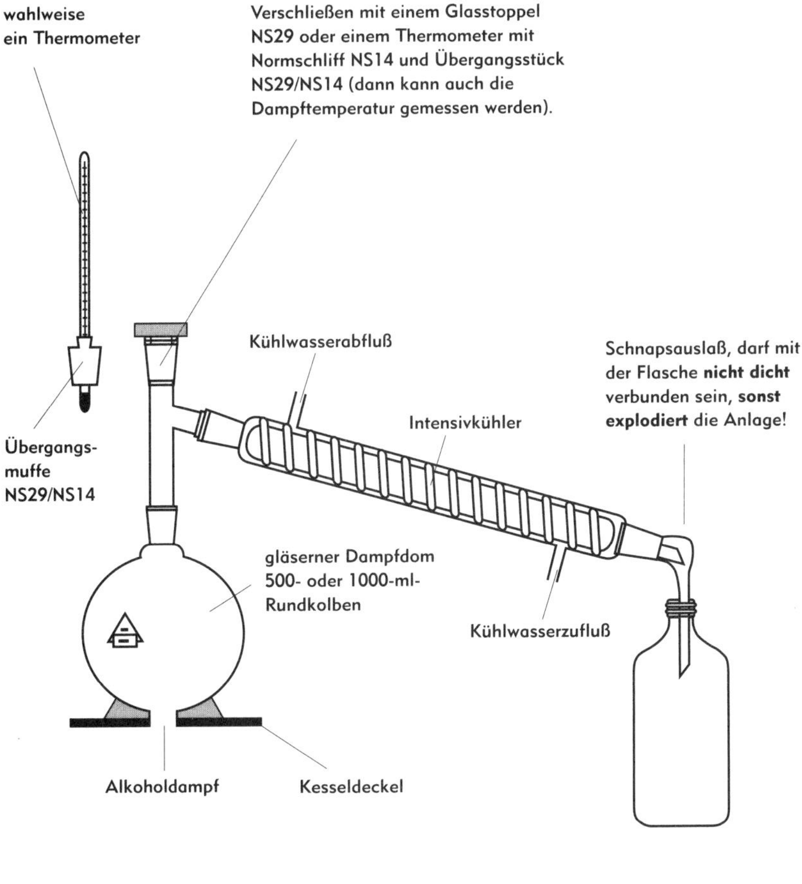

Bonsai-Kleinbrennanlage mit 1,8 l Kesselinhalt

In Österreich ist das Brennen mit Kesseln unter zwei Liter Inhalt ohne Anmeldung erlaubt. Daher hat eine österreichische Firma eine Kleinbrennanlage mit dem netten Namen »Bonsai-Tischbrennerei« auf den Markt gebracht. Sie kostet etwa 365 Euro inklusive Gasbrenner und Gasbrennerhalterung. Wie der Hersteller beschreibt, ist das Gerät in Handarbeit hergestellt und voll funktionsfähig wie seine großen Vorbilder. Im maximal zwei Liter fassenden Kessel wird der Rohstoff mit einem Gasbrenner auf rund 80 °C erhitzt, der Alkohol verdampft, kriecht über ein Steigrohr in eine Kühlschlange und kondensiert dort. Rund eine Viertelstunde braucht es, bis die Bonsai-Tischbrennerei Schnaps produziert. Der Brennvorgang dauert zirka eine halbe Stunde. Aus zwei Liter Wein oder Bier entsteht fast ein Viertelliter »Hochprozentiger«. Mit dieser Anlage können wir auch unsere filtrierten Angesetzten und die filtrierten Gegorenen brennen. Maische würde ich nicht empfehlen, da diese Anlage keinen Doppelmantel hat und somit die Gefahr des Anbrennens besteht.

Bonsaibrenner mit Gasbrenner

Bonsaibrenner mit Wasserbad

Hersteller: Fa. Jessur, Jessernig & Co., A-2000 Stockerau, Schießstattgasse 47, Tel. +43 / (0) 22 66 / 6 27 72, Fax +43 / (0) 22 66 / 6 24 66

Diese kleine Anlage eignet sich auch als Gag zum »Lifebrennen« während einer Party. Von der gleichen Firma gibt es jetzt auch eine Bonsai-Brennanlage mit Wasserbad, so daß auch Maischen mit Fruchtanteilen ohne Anbrenngefahr destilliert werden können. Der Preis beträgt 550 Euro.

Kleinbrennanlage mit 1–3 l Kolbeninhalt, der »Mini Destiller«

Diese und ähnliche Anlagen mit unterschiedlichen Kolbeninhalten stammen aus Italien, werden aber auch in Österreich, z.B. von Kellereibedarf Knopf GmbH, Fachgeschäft für Hobbybrenner, Hobbywinzer und Schnapsbrenner, A-1140 Wien, Gurkgasse 16, Tel. +43/(0)1/9826240, Fax +43/(0)1/9828208, vertrieben. Preis: 290 Euro.

Mini Destiller 3 Liter und 1 Liter

Diese sehr wirkungsvolle Anlage destilliert bei einer Befüllung mit 3 Liter Wein in einer knappen halben Stunde mehr als einen Liter hochprozentigen Schnaps, welcher anschließend noch auf Trinkstärke verdünnt werden muß. Wird dies in geselliger Runde durchgeführt, ist erfahrungsgemäß mit dem Ende des Brennvorganges der »Neuproduzierte« bereits in den Kehlen verschwunden, ein Taxidienst ist dringend anzuraten. Die Zu- und Abfuhr des Kühlwassers sollte mit Schläuchen erfolgen, da sich das Wasser im kleinen Kühlwasserbehälter sehr schnell erhitzt. Man kann auch mit Eiswürfeln kühlen.

Wasser- und Kräuterdestilliergerät von Knopf (4 bzw. 6 l)

Diese Anlage ist erhältlich bei: Kellereibedarf Knopf GmbH, Fachgeschäft für Hobbybrenner, Hobbywinzer und Schnapsbrenner, A-1140 Wien, Gurkgasse 16, Tel. +43/(0)1/9826240, Fax +43/(0)1/9828208, und besteht aus einem 4-l- bzw. 6-l-Kolben aus Duran-Gas (hitzebeständig) mit eingeschliffenem Konus und mundgeblasenem Wasserkühler als passenden Aufsatz. Die Hitzeschutzauflage (Gitter mit Keramikeinlage) ist zwischen der elektrischen Einzelkochplatte mit 7-Stufen-Regler und dem Glaskolben zu legen und schützt vor Hitze- oder Kälteschock. Außerdem wird ein Haltestativ mit Doppelmuffe und Klemme mitgeliefert, so daß eine bessere Standfestigkeit für das Destilliergerät gegeben ist. Wie der Name schon sagt, können mit diesem Gerät sowohl destilliertes Wasser als auch Kräuter- oder Fruchtauszüge aus allen destillierfähigen Flüssigkeiten hergestellt werden.

Dabei geht man folgendermaßen vor:

1) Kolben des Destilliergerätes zu ⅔ bis ¾ befüllen, klare Flüssigkeit mit feinen Trübteilchen versetzen, z.B. etwas geriebenen Apfel, Hagebuttenkerne, Siedesteinchen oder dergleichen, damit es keinen Siedeverzug gibt (Stau der kleinen Dampfblasen in der Flüssigkeit und dadurch plötzliches, explosionsartiges Entweichen).
2) Kühler aufsetzen.
3) Wasserkühlung mit Schläuchen anschließen, Wasserzulauf von unten, Wasserablauf von oben.
4) Heizplatte einschalten.
5) Auffanggefäß unter Kondensatablauf stellen.
6) Kolbeninhalt zum Sieden bringen.
7) Kühlwasserzufuhr am Wasserhahn so einstellen, daß die Dämpfe kondensiert (verflüssigt) werden und das Destillat mit etwa Zimmertemperatur aus dem Kühler rinnt.

Wichtig:

- Glasteile vorsichtig handhaben, den Schliff (Verbindung des Kolbens mit dem Kühler) mit Silikonfett oder -öl ab und zu etwas einfetten, so daß er sich nicht festsetzt.

- Kolben niemals kalt auf die heiße Heizplatte stellen und umgekehrt: heiße Kolben nicht auf eine kalte Unterlage geben.
- Rückstand nicht anbrennen lassen.
- Die Kühlung erst dann abstellen, wenn der Kolbeninhalt so weit abgekühlt ist, daß kein Dampf mehr entsteht.

4-/6-Liter-Glasdestille

Das Destilliergerät kostet komplett (hitzebeständiger Glaskolben, Glaskühler, Haltestativ mit Klemme, Hitzeschutzauflage, Elektroheizplatte, Anleitung) mit einem 4000-ml-Kolben 340 Euro und mit 6000-ml-Kolben 365 Euro.

Statt der Elektroheizplatte kann man auch einen Gasbrenner einsetzen, dann läuft der Destilliervorgang wesentlich schneller ab. Bei Einsatz dieser Methode ist die Hitzeschutzauflage zwischen Flamme und Glaskolben unbedingt notwendig, und die Kühlwassermenge muß erhöht werden.

Kleinbrennanlage mit 15 l Kesselinhalt für Bastler, der Multitopf

Der »Multitopf« (Edelstahl-Dampfentsafter mit 15 l Inhalt) kann sogar als Druckkochtopf (wie ein großer Kelomat) verwendet werden. Wie der Name schon sagt, ist der »Multitopf« sehr vielseitig verwendbar, mit allerlei Zubehör ausgestattet und eigentlich für jeden Obst- und Gemüsegärtner unentbehrlich.

Anwendungen Multitopf

Einsatzmöglichkeiten:

- zum Entsaften und Haltbarmachen von Fruchtsäften speziell für alle Beerenobstarten des Sommers auf schonende und praktische Weise (erleichtert das Abfüllen, weil Sie auf einer Ebene arbeiten können – siehe Abbildung)
- zum Destillieren in Kombination mit einem Kühler (Topf und Steigrohr aus Edelstahl)
- zum Biersudkochen, der Siebeinsatz (ebenfalls aus Edelstahl) dient zum Abläutern der Maische (feines Netz extra erhältlich)
- zum Dämpfen von Kartoffeln und Gemüse oder zum Garen von Fleisch, Gulasch etc.
- zum Waschen von Salaten, Obst und Gemüse, zum Sterilisieren von Früchten oder Gemüse in Gläsern
- zum Einkochen von Marmeladen usw.

Multitopf mit Kühler

Dieses mittelgroße Wunderding erfüllt praktisch alle unsere Erwartungen und braucht keinen weiteren Kommentar.

Wichtig: Die Verbindung zwischen Topf und Kühlspirale muß aus Metall oder Glas sein, denn der heiße Alkoholdampf ist sehr aggressiv und löst aus Kunststoffen oder Gummi unangenehme bzw. giftige Geschmacksstoffe heraus.

Der Multitopf kostet 190 Euro, der Kühler 72 Euro. Beide sind bei Kellereibedarf Knopf GmbH (Adresse siehe vorherige Anlagebeschreibungen) zu beziehen.

Probedestillationsgeräte mit 1, 5 oder 10 Liter Kesselinhalt

Probedestille mit Wasserbad

Von deutschen Herstellern sind auch Probe-Destillationsgeräte mit einer Befüllung von 5 bis 10 Litern und elektrisch beheiztem Wasserbad erhältlich. Die Apparaturen entsprechen in ihrer Funktionsweise zur Gänze den professionellen Anlagen mit größeren Volumina, man kann damit auch dickflüssige Maischen brennen. Diese Funktionalität hat allerdings auch ihren Preis, ca. 2.300 bis 2.700 Euro, je nach Füllvolumen. Die abgebildete Anlage wird von der Firma Adolf Adrian, Kupferschmiede GmbH, D-63920 Großheubach, Industriestraße 7, Tel. +44/(0) 93 71 / 26 04, Fax +44/(0) 93 71 / 8 09 43, hergestellt und verkauft. Von der gleichen Firma gibt es auch Probe-Destillationsgeräte mit einem Füllinhalt von nur einem Liter. Preis 470 Euro ohne Wasserbad. Ein Brennvorgang dauert bei der kleinen Anlage etwa 1¼ bis 1½ Stunden. In Deutschland ist das Freibrennen von Alkohol nur bis zu einem Brennkesselvolumen von 1 Liter erlaubt.

Kleinbrennanlage mit 5 Liter Kesselinhalt nach Schmickl

In Italien ist das Brennen von alkoholhaltigen Maischen bis zu 5 Liter Brennkesselvolumen ohne Anmeldung erlaubt, daher können in einschlägigen Geschäften fertige Brennanlagen mit diesem Kesselinhalt, allerdings ohne Wasserbad, gekauft werden. In einer Stunde können mit dieser Anlage über zwei Liter Schnaps gebrannt werden, was für eine Weile reichen dürfte.

Kleinbrennanlage nach Schmickl, 5 oder 2 Liter, die Kessel sind austauschbar, inkl. Aromakorb bzw. Anbrennschutz

Die gezeigte Anlage ist vollständig aus Kupfer gefertigt, hat ein Dampfthermometer, eine spezielle Kühlung und wird nach Angaben und Hinweisen des Autors von einem italienischen Kupferschmied hergestellt. Wegen des leistungsfähigen Spiritusbrenners kann das Gerät praktisch überall verwendet werden, so wurde es z.B. schon auf Jagdhütten oder Segelyachten eingesetzt. Ein Hotelier in Kärnten läßt seine Gäste am Abendtisch mit dieser Anlage vorzüglichen Himbeerschnaps selbst brennen.

Der Autor veranstaltet etwa alle zwei Monate Seminare für Hobbyschnapsbrenner, wobei jeder Teilnehmer mit so einer Anlage selbst arbeitet und dadurch die Schnapsbrennkunst praktisch erlernt. Bei erfolgreichem Abschluß des Seminars erhalten die Seminaristen das Zertifikat »Am blauen Band« und werden feierlich in die Gilde der Schwarzbrenner aufgenommen.

Die Anlage sowie alle Einrichtungen, Meßgeräte und Materialien, welche zur Schnapsherstellung notwendig sind, können käuflich erworben werden. Die Anlage kostet 342 Euro und ist ebenso wie die Materialien und Schnapsraritäten im Postversand erhältlich:

Karnburger Privatbrennerei, Dr. Helfried Schmickl, Erlenweg 12, A-9063 Karnburg, Tel./Fax +43/(0)4223/2844, E-Mail: schmickl@schnaps.co.at., www.schnaps.co.at. In der Homepage sind alle Informationen über Seminare, Geräte, Einrichtungen und Schnapsraritäten zu finden, außerdem würde sich der Autor über einen Eintrag in der Diskussionsecke freuen.

Brennanlage mit einem Doppelmantelkessel

Bei professionellen Brennanlagen werden Doppelmantelkessel verwendet, damit die Maische nicht anbrennt. Das Prinzip ist einfach: Zwischen Flamme und Maische befindet sich noch ein schützendes Wasserbad. Mit diesem System können alle, also auch dickflüssige Maischen gebrannt werden.

Diese Anlagen werden mit Holz, Gas oder elektrisch beheizt und sind für Kesselinhalte von 25, 50, 80, 100 Liter und mehr erhältlich. Brennkessel mit Doppelmantelkessel sind recht teuer und anmeldungspflichtig. Sie werden meist von Brenngemeinschaften oder Gemeinden betrieben. Es gibt auch Brennkesselhersteller guter Qualität in Slowenien, z.B. in der Nähe von Ljubljana. Der Verkaufspreis beträgt weniger als die Hälfte eines österreichischen oder deutschen Herstellers. Ist man Mitglied einer Brenngenossenschaft und möchte seine Maische brennen, so muß dies bei der Finanz- oder Zollbehörde angemeldet werden. Daraufhin bekommt man je nach Maischeart und zu brennender

Das Bild zeigt eine Brennanlage mit Holzfeuerung und Wasserbad in voller Aktion. Ein Brennvorgang dauert etwa drei Stunden.

Maischemenge eine bestimmte Brennzeit zugestanden und die entsprechende Steuer vorgeschrieben. Der Brennkessel darf dann nur während dieser Zeit in Betrieb sein. Bei Zuwiderhandlungen werden hohe Geldbußen fällig, und möglicherweise wird zusätzlich ein Brennverbot verhängt.

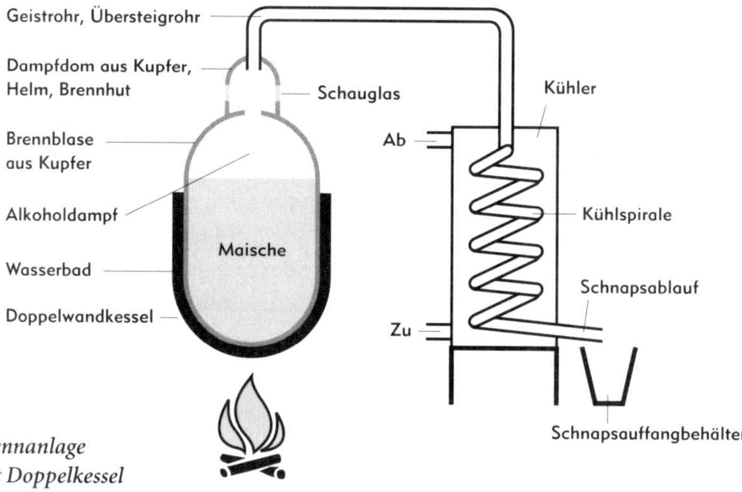

Brennanlage mit Doppelkessel

Herstellung und Destillation mit einfachen Mitteln

Daß die Herstellung und Destillation von hochgradigen Maischen nicht eine Errungenschaft unserer modernen westlichen Biochemie ist, sondern auch mit vergleichsweise simplen Mitteln durchgeführt werden kann, zeigen folgende Abbildungen einer laotischen Brennanlage am Strand des Mekong-Flusses, in der Nähe von Luang Prabang. Das Ergebnis läßt die einfachen Mittel vergessen: Ein derart vollmundiger und milder Schnaps, ohne jeglichen Vor- oder Nachbrandgeschmack, ist mir in Europa nur selten angeboten worden.

In Laos wird fast ausschließlich nur Reisschnaps gebrannt, der allerdings nicht zu verwechseln ist mit dem japanischen Sake (starker Reiswein) oder dem industriell gefertigten chinesischen »Feuerwasser«. Das Brennen ist in Laos eine jahrtausendealte Kunst; jedem Einwohner ist es zudem ohne rechtliche Einschränkungen erlaubt, Lao-Lao, wie der Reisschnaps genannt wird, zu brennen und zu verkaufen. Im Lauf der Zeit haben sich ganze Dörfer auf die Kunst des Brennens spezialisiert. Die Geheimnisse und Feinheiten ihres Handwerks werden von Generation zu Generation weitergegeben und keinem Außenstehenden mitgeteilt. Daher war es auch mir, als ausländischer »Langnase«, nicht möglich, mehr zu erfahren, außer daß als Hauptingredienzen der Maische Reis und eine zuckerhaltige Knolle (deren Name der Dolmetscher nicht übersetzen konnte, wahrscheinlich aber Maniok) verwendet werden. Die Existenz dieser Brenngemeinschaften erklärt wahrscheinlich, warum bis heute der von staatlichen Brennereien gefertigte Lao-Lao qualitativ eher dem chinesischen »Feuerwasser« ähnelt und daher fast nur in Touristenshops angeboten wird. Der Ursprung eines »echten« Lao-Lao ist auch für den Laien sofort ersichtlich. Der durch Staatsbetriebe erzeugte Schnaps wird in etikettierten, genormten Rumfla-schen angeboten. Lao-Lao aus Privatbrennereien wird offen verkauft, d.h. in allen nur erdenklichen Behältnissen, zum Teil sogar in durchsichtigen Plastiksäcken, die bei uns zum Verpacken von Brotzeit dienen. Beschriftet werden die Behältnisse dieses

Meine Regeln zur Sauberkeit werden zwar nicht beachtet, aber es funktioniert prächtig

Laotische Selbstbauanlage in Betrieb

Verkostung der hochgradigen Maische mit dem traditionellen Bambusröhrchen

privat gebrannten Schnapses nie. In Laos vertrauen die Menschen anscheinend noch dem Verkäufer bzw. ihrem Geschmackssinn und nicht irgendwelchen Versprechungen auf dem Etikett. Diese Art von marktwirtschaftlichem Wettbewerb bringt natürlich mit sich, daß große Qualitätsunterschiede zwischen den jeweiligen Anbietern auftreten können. Deshalb hat auch jeder Laote seinen persönlichen Verkäufer, bei dem der seiner Meinung nach beste Lao-Lao erhältlich ist.

Am Ufer des Mekong sieht man oft Privatbrennereien wie die oben abgebildete. Wegen des hohen Alkoholgehaltes der Maische wird nur einmal gebrannt. Der fertige Schnaps hat daher ein kräftiges Aroma und schmeckt samtig weich, er ist Spitzenklasse. Während des Brennens wird die noch gärende hochgradige Maische (Reissturm bzw. -most) von den Bewohnern mit langen Bambusstöckchen aus einem Gemeinschaftstopf getrunken. Es geht daher den ganzen Tag recht lustig und gesellig zu. Uralter Brauch ist, daß der fehlende, sprich: getrunkene Inhalt sofort wieder mit Reissturm aufgefüllt wird. So kann jeder sehen, wieviel einer wirklich getrunken hat. Unter ca. ¼ l pro »Schluck« kommt niemand davon – daher erklärt sich auch die große Öffnung der am Boden stehenden Steinkrüge.

Rum-Herstellung im industriellen Maßstab

Kurz will ich die größte Rumfabrik der Welt (Stand 1992) vorstellen. Diese Anlage steht in San Juan auf Puerto Rico und wird von Bacardi betrieben. Die 1862 auf Kuba gegründete Firma verlegte nach der kubanischen Revolution ihren Sitz nach Puerto Rico. Auf einer (kostenlosen) Besichtigungstour durch die hochmoderne Destillerie sieht man einen Teil der riesigen Gärbottiche, von denen die größten rund 210.000 Liter fassen. In ihnen wird Melasse, ein Abfallprodukt der Rohrzuckerherstellung, vergoren. Dieser Prozeß dauert 72 Stunden. Nach abgeschlossener Gärung erfolgt die Destillation in insgesamt 16 vertikalen, vierstufigen Destillationskolonnen. Täglich werden etwa 350.000 Liter Rum hergestellt. Das Rohprodukt reift durch Lagerung heran, für etwa 130 Millionen Liter sind Lagerkapazitäten vorhanden. Vor der Abfüllung auf Flaschen werden nach einem geheimen Rezept verschiedene Rumsorten gemischt, um den typischen Bacardi-Geschmack zu erzielen. Das Geheimnis kennen nur wenige Mitglieder der Familie. Die Abfüllanlagen können zwischen 180 bis maximal 240 Flaschen Rum pro Minute füllen, verschließen und etikettieren. Der hier hergestellte Rum wird ausschließlich nach Amerika geliefert; die in Europa erhältlichen Flaschen stammen aus einer Produktionsstätte in Mexiko.

Eine von 16 Destillationskolonnen der Bacardi-Rumfabrik in San Juan (Puerto Rico)

Am Ende der Besichtigung des Werksgeländes erhält der Besucher Zutritt zu einem Pavillon, in dem Gratisproben von Rum oder Rum-Mixgetränken gereicht werden. Im Merchandising-Shop können Produkte aller Art (Kugelschreiber, T-Shirts, Kappen, Gläser …) mit dem Aufdruck »Bacardi« sowie alle Bacardi-Rumsorten gekauft werden.

In Tank 1 reifen 1.500.000 Gallonen (entspr. ca. 5,7 Mio. Liter), in Tank 2 2.500.000 Gallonen (entspr. ca. 9,5 Mio. Liter) Rum.

XII. Abfüllen und Etikettieren

Nachdem wir ein Produkt mit der gewünschten Trinkstärke erzeugt haben, steht dem Abfüllen nichts mehr im Wege. Keinesfalls sollten irgendwelche Flaschen, welche womöglich noch die spezielle Form eines Erfrischungsgetränkes haben, verwendet werden. Kunststoffflaschen sind überhaupt abzulehnen, vor allem weil sie möglicherweise den Geschmack beeinflussen. Wir haben uns bis jetzt so viel Mühe mit der Herstellung unseres Getränkes gemacht, daß es eine angemessene Umhüllung verdient hat.

Die Flasche

Man kann im Fachhandel spezielle Glasflaschen für Schnaps kaufen, diese sind aber nicht gerade billig. Bei der Wahl der Flaschengröße ist es sinnvoll, 0,2- bis 0,33-Liter-Flaschen zu verwenden, denn unsere Produktionsmenge ist sicherlich nicht groß. Wir wollen unser Produkt auch nicht verkaufen, sondern lagern und selbst genießen oder verschenken. Ein selbst hergestellter Schnaps, in einem schönen Fläschchen, mit eigens gefertigtem Etikett versehen, macht Freude und ist ein willkommenes und originelles Geschenk. Ist jedoch die Verpackung nicht professionell, weckt das sofort die Assoziation, daß der Inhalt nichts wert sei.

Für unsere Zwecke eignen sich Sekt und Frizzante in 0,2-Liter-Fläschchen mit Drehverschluß. Davon sollte man aber nur die weißen durchsichtigen Flaschen verwenden. Das Etikett wird in heißem Wasser abgelöst.

Achten Sie beim Abfüllen darauf, daß im Flaschenhals ein etwa 2 cm hohes Luftpolster bleibt. Wird die Flasche nämlich bei Kellertemperatur zu voll gefüllt und dann mit einem Drehverschluß oder Korken dicht verschlossen, so geht sie bei Temperaturanstieg zu Bruch. Der Grund liegt darin, daß Flüssigkeiten nicht komprimierbar sind und sich bei steigender Temperatur ausdehnen (dieser Effekt wird z.B. beim Stabthermometer zur Temperaturmessung verwendet).

Ein Freund schenkte mir einmal voller Stolz eine Flasche seines neuesten Selbstgebrannten. Er hat es gut gemeint, die Flasche voll gefüllt und dann verschlossen. Bei mir zu Hause im warmen Wohnzimmer ist die Flasche dann mit einem lauten Knall regelrecht explodiert.

Der Verschluß

Bei den meisten Piccolo-Fläschchen haben wir kein Problem, da diese mit einem Drehverschluß ausgestattet sind. Diejenigen Verschlußkappenteile, welche beim erstmaligen Öffnen aufspringen und wegstehen, sollten jedoch sorgfältig entfernt werden.

Keinesfalls sollten gebrauchte Korken verwendet werden. Die Flaschen verschließt man vorsichtig per Hand mit überall in Fachgeschäften erhältlichen neuen Korkstöpseln oder besser mit einem Korkenverschlußhebel. Wenn ein Stück Kork über die Flasche schaut, sollte dieser mit einem scharfen Messer vorsichtig am Flaschenrand abschnitten werden. »Überstände« sehen billig aus. Die Verwendung von Kronenkorken oder Plastikstöpseln ist aus denselben Gründen ebenfalls nicht zu empfehlen.

Nachdem die Flasche verschlossen wurde, kann man noch ein Zierhütchen aus Schrumpfplastik auf den Flaschenhals aufsetzen, damit erhält die Flasche den letzten Schliff für ihr professionelles Outfit. Das Schrumpfen erfolgt sehr einfach mit einem auf volle Leistung gestellten Haarfön, mit welchem man langsam um den Flaschenhals mit aufgesetztem Zierhütchen kreist.

Korkenverschlußhebel und Zierhütchen sind in verschiedenen Farben und Größen in Geschäften des Kellereibedarfes oder den Geschäften der landwirtschaftlichen Genossenschaften erhältlich.

Das Etikett

Das Etikett ist die Visitenkarte eines edlen Getränkes. Man kann sich von Visitenkarten-Computern, die in manchen Papierfachgeschäften aufgestellt sind, die Etiketten mit Umrandung, beliebiger Schriftart und Größe drucken lassen. Erhältlich sind auch Papierfolien oder Klebeetiketten in verschiedensten Größen, welche auf der Rückseite eine Klebeschicht haben. Diese ist durch eine Schutzfolie abgedeckt, welche vor dem Etikettieren der Flaschen abzuziehen ist.

Die Etiketten können auch auf einem PC selbst entworfen und danach mit einem Farbdrucker auf einer Klebefolie ausgedruckt werden. Hier sind der Phantasie keine Grenzen gesetzt. Einige Beispiele sind im nachfolgenden angeführt.

reines Naturprodukt
Ulrichsberg
Bitter

reines Naturprodukt
Kräuter-
schnaps

XIII. Trinkkultur

Unser Werk ist vollbracht! Und weil ein Gläschen Selbstgebrannter etwas besonderes ist, wäre es schade, das edle Getränk in ein x-beliebiges Glas zu füllen und einfach hinunterzukippen, so wie man es gelegentlich ruhig tun kann, wenn einem im Winter kalt ist und man sich nach dem Strömen innerer Wärme sehnt.

»Sich ein Gläschen genehmigen« heißt es in der Umgangssprache. Setzen wir uns also gemütlich hin, gießen wir das Wasser des Lebens in ein geeignetes Glas, wärmen wir es in unseren Händen, halten wir unsere Nase an den Rand des Glases und ziehen wir den flüchtigen Duft der Beeren und Kräuter, Gräser und Früchte, der Landschaft und des Sonntags, an dem wir uns entschlossen haben, selber Schnaps zu brennen, tief ein.

Früher trank man den Schnaps aus einfachen kleinen Gläschen, die von Region zu Region verschieden waren. Heute geht man zur Verwendung spezieller Schnapsgläser über, deren Zweck es ist, das Aroma in eine Duftwolke zu verwandeln. Es sind meist tulpenförmige, sich im oberen Drittel verjüngende Stielgläser, die sich danach wieder erweitern.

- Stielgläser sehen elegant aus und vermeiden, daß der Parfumgeruch gepflegter Hände das Aroma des Schnapses beeinträchtigt.
- Die Gläser sollen so groß sein, daß man die Flüssigkeit in ihnen schwenken kann.
- Die Form des Glases sollte einer leicht aufgeblühten Tulpe entsprechen, deren oberer Teil nach außen neigt, so können Nase und Lippen gleichzeitig genießen.

Geschmack und Aroma entfalten sich erst ab Raumtemperatur. Einen aromatischen Schnaps trinkt man daher nie kalt, im Gegenteil, man sollte das Glas mit der Hand sogar wärmen. Schnäpse ohne Aroma, wie z.B. Korn oder Wodka, kann man kalt trinken. Die Qualität eines Schnapses läßt sich nicht nur vor dem Trinken, sondern auch am Aroma des letzten im Glas verbliebenen Tropfens feststellen, sein Duft verrät dem Kenner alles.

Nachwort

Der Autor befaßt sich bereits seit Jahrzehnten mit der Herstellung von hochqualitativem Fruchtschnaps. Die Kunst ist nicht das Brennen, sondern die Übertragung der reintönigen Fruchtnote in das Destillat, und zwar ohne störenden Nebengeschmack. Um dieses Wissen zu erlangen, waren viele Jahre an Versuchen, Diskussionen und Literaturstudium notwendig. Die Erfahrungen aus seinem Hobby will er interessierten Lesern nahebringen, denn die Kunst des Schnapsbrennens, insbesondere mit kleinen Volumina zum Eigenbedarf, soll seiner Meinung nach einem breiten Publikum zugänglich gemacht werden.

Dem Schnapsbrennen haftet auch heute noch der Hauch von etwas Verbotenem an; daß aber das Brennen bis zu bestimmten Mengen erlaubt und somit legal ist, wissen nur die wenigsten Menschen. Dieses Buch soll die Situation aufklären helfen.

Dr. Schmickl beim Vortrag im Seminar

Der Autor veranstaltet etwa alle zwei Monate Seminare für Hobbyschnapsbrenner, wobei jeder Teilnehmer mit einer Anlage selber arbeitet und somit die Schnapsbrennkunst praktisch erlernt. Bei erfolgreichem Abschluß des Seminars erhalten die Seminaristen das Zertifikat »Am blauen Band« und werden feierlich in die Gilde der Schwarzbrenner aufgenommen.

Übungsbrennanlagen für jeden Seminaristen

Im Anschluß können die Anlage sowie alle Einrichtungen, Meßgeräte und Materialien, welche zur Schnapsherstellung notwendig sind, käuflich erworben werden.

Die Anlage kostet 295 Euro und ist ebenso wie die Materialien und Schnapsraritäten auch im Postversand erhältlich bei:

Karnburger Privatbrennerei
Dr. Helfried Schmickl
Erlenweg 12
A-9063 Karnburg
Tel./Fax: +43/(0)42 23/28 44
E-Mail: schmickl@schnaps.co.at.
www.schnaps.co.at.

In der Homepage sind alle Informationen über Seminare, Geräte, Einrichtungen und Schnapsraritäten zu finden, außerdem freut sich der Autor über Beiträge/Fragen/Anregungen in der Diskussionsecke.

Lesen bildet Meinung.

Mit uns garantiert.

Die Zeitung zwei Wochen zum Nulltarif.
☎ 08 00/8 666 8 66